GÉNÉALOGIE

DE LA

FAMILLE DE MANIQUET

DAUPHINÉ, LYONNAIS, FOREZ, BRIE, DUCHÉ DE NEVERS
ILE DE LA MARTINIQUE

Seigneurs du Fayet, de Pélafort, des Bergeries, Brolles, Seigneulettes,
Hennevilliers et autres lieux,
Barons de Fontaine-le-Chatel et de Saint-Pierre-du-Mont

par le Vicomte OLIVIER DE POMPERY

Membre honoraire du Conseil Héraldique de France

LYON

REVUE D'HISTOIRE DE LYON

A. REY & Cie, Éditeurs

4, RUE GENTIL, 4

1906

GÉNÉALOGIE

DE LA

FAMILLE DE MANIQUET

DAUPHINÉ, LYONNAIS, FOREZ, BRIE, DUCHÉ DE NEVERS
ILE DE LA MARTINIQUE

Seigneurs du Fayet, de Pélafort, des Bergeries, Brolles, Seigneulettes,
Hennevilliers et autres lieux,
Barons de Fontaine-le-Chatel et de Saint-Pierre-du-Mont

par le Vicomte OLIVIER DE POMPERY
Membre honoraire du Conseil Héraldique de France

LYON

REVUE D'HISTOIRE DE LYON
A. REY & Cie, Éditeurs
4, RUE GENTIL, 4

—

1906

Château du Fayet (Vue prise de la route de Chapareillan).

GÉNÉALOGIE DE LA FAMILLE DE MANIQUET

DAUPHINÉ, LYONNAIS, FOREZ, BRIE, DUCHÉ DE NEVERS, ILE DE LA MARTINIQUE

SEIGNEURS *du Fayet, de Pélafort, des Bergeries, Brolles, Seigneulettes, Hennevilliers et autres lieux,*
BARONS *de Fontaine-le-Chatel et de Saint-Pierre-du-Mont* [1].

D'après certains écrivains, la famille Ma=
niquet serait venue d'Italie [2] en Dauphiné
vers 1465. C'est en effet à cette date que nous
rencontrons pour la première fois ce nom dans
cette province.

Les Maniquet ont produit deux maîtres
d'hôtel de la Maison du Roi (1567=1585), un

[1] Armes : *d'azur, à trois demi-vols d'argent,
deux en chef et un en pointe* (Armorial général
officiel de France de 1696, Registre de la Généralité du Dauphiné page 90, n° 303. Manuscrit
original de la Bibliothèque Nationale). — Couronne : *de comte.* — Supports : *deux aigles.*

[2] Dictionnaire général de la Noblesse, manuscrit de 1694, par Dom Gabriel
de Sainte-Anne ; Bibliothèque Nationale, *fonds français*, 32 485 ; Dictionnaire,
article *Maniquet*, par Guy Allard ; *Histoire générale du Dauphiné*, t. II, p. 649,
par Chorier ; *Etat politique* t. III, p 344, par Chorier ; *Bibliothèque du Dauphiné*, par H. Gariel ; Bibliothèque Nationale, *Pièces originales*, vol. 1828.

grand maître des Eaux et Forêts de France (1588), plusieurs chevaliers de Saint-Louis. Cette famille a été maintenue dans sa noblesse d'ancienne extraction par le Parlement de Grenoble, le 30 mars 1638, et par l'Intendant de la province du Dauphiné, en 1667. Elle a fait ses preuves pour les Écoles militaires. Un de ses représentants figure parmi les gentilshommes du Lyonnais qui, en 1789, nommèrent les députés de la noblesse de ce pays aux Etats Généraux. Sa filiation est établie d'une façon exacte et non interrompue à partir de :

<h2 style="text-align:center">I degré</h2>

Noble **Pierre**[1] **Maniquet,** notaire à la Buissière en Dauphiné, fit acte d'acquisition à la Buissière, en 1465, et laissa d'une alliance inconnue :

   1° Discret Maître CLAUDE MANIQUET qui suit ;

   2° Discret Maître BARTHÉLEMY premier du nom, né à la Buissière, établi à Rive-de-Gier en Forez où il mourut avant 1521. Il avait épousé Léonarde d'Aussère, fille de honorable Maître Claude d'Aussère[2], notaire royal audit Rive-de-Gier, et de noble Colette Rippaud, laquelle testa devant maître Zacharie Alard, le dernier jour de juin 1505, d'où une fille unique Anne Maniquet, qui épousa, en premières noces, honorable homme Humbert Girard, de la famille de honorable homme Barthélemy Girard[3], châtelain de Saint-Paul-en-Jarez[4], en 1530. Anne Maniquet épousa, en deuxièmes noces, par contrat du 14 février 1521, reçu Alard, honorable Zacharie Terrasson[5], originaire de Chatelus, lieutenant de

---

[1] Pierre Maniquet, notaire de la Buissière en Dauphiné, est l'auteur commun des Maniquet du Fayet et de ceux du Lyonnais *(Livre de Famille,* par W. Poidebard).

[2] Cette famille a produit N... d'Aussère, vivant en 1304 ; Maître Denis d'Aussère, vivant 1477 ; N... d'Aussère vivant chevalier seigneur de Planil, conseiller du Roi en son Conseil d'Etat (1596), Pierre d'Aussère, avocat du Roi en la Sénéchaussée de Lyon, un des provocateurs des Vêpres Lyonnaises. Pierre d'Aussère, maître des requêtes, eut un fils, Jen, digne de lui, lieutenant général de la justice de Montbrison, auquel il survécut jusqu'en 1589. (Bibliothèque Nationale, *Pièces originales,* 147 ; *Dossiers Bleus,* 42. Manuscrit n° 73, Palais des Arts, Lyon : Pierre Cochard, *Notice sur Pierre d'Aussère).*

[3] Girard, *d'argent à deux palmes adossées de sinople.*

[4] La seigneurie de Saint-Paul avait appartenu jusqu'au douzième siècle à la puissante maison du Jarez, puis passa peu à peu, par donation et par vente, entre les mains des Chanoines Comtes de Lyon, dont elle devint une obéance et resta, dès lors, sous le régime paternel de la dîme *(Livre de Famille,* par William Poidebard.

[5] Cette famille du Lyonnais s'est alliée aux : Egal, Cozon, Jamen, Girard-Pontanel, Palerne, du Rieu, de la Menue, etc. Elle a produit : Antoine Terrasson, châtelain de Chevrières ; Jean, enquesteur en la Sénéchaussée de Lyon,

la juridiction de Rive-de-Gier, fils de Claude, lieutenant de Châtelus,patron de la prébende Saint-Antoine, fondée en l'église dudit lieu le 17 mars 1493, et petit-fils de Léonard Terrasson, lieutenant de Châtelus, connu par acte du 7 novembre 1455, comme issu de Philibert Terrasson, châtelain dudit lieu, en 1417.

Anne Maniquet passe un accord le 19 août 1522 [1].

II *degré*

Discret Maître CLAUDE MANIQUET, notaire à la Buissière, qui eut, avant d'occuper ces paisibles fonctions, une fort désagréable aventure qui se trouve retracée dans un document authentique déposé aux Archives nationales *(Trésor des Chartes du Roi*, registre J. J. 232 v° 20, fol. 5 v°) et dont le texte est le suivant :

AVRIL 1500

REMISSIO PRO CLAUDIO MANIQUET

« Loys, etc., Daulphin de Viennoys, savoir : faisons a tous prensens, et advenir nous avoir reçue l'umble supplication de Glaude Maniquet, demeurant en la Buissière, en nostre pays du Dauphiné, contenant que le jour de Pâques fleuries derrenières passées, ledit suppliant et plusieurs autres arbalestriers s'en allerent au lieu de Baraux en Daulphiné et illec se misdrent à jouer de l'arbalestre au ling au jeu appellé de la perche ou plusieurs personnes estants les regardans jouer entre lesquelz y avoit un nommé feu Loys Hemon, filz de Pierre Hemon, et ainsi qu'ilz tiraient audit jeu d'arbaleste, ledit suppliant tira un traict cuydant[2] tirer à ladite perche, duquel trect icelluy suppliant sans pancer à aucun mal actainct et frappa, par cas de fortune ledit Loys Hemon, dont ledit suppliant fut tres marry et desplaisant du moyen duquel coupt icelluy Loys Hémon, tantost après par faulte de bon gouvernement ou autrement a la vie a Trespas, considérant et acertene que ledit coup estoit advenu par cas de

---

en 1633; Jean, échevin de Lyon; Pierre, syndic du clergé et vicaire général sous trois archevêques de Lyon; Mathieu Terrasson, écuyer maintenu dans sa noblesse le 12 avril 1706, avocat célèbre à Paris, où il mourut le 30 septembre 1734; Jean Terrasson, né en 1671, membre de l'Académie Française. La reine Marie Leczinska recherchait la société de cet académicien, etc. Les armes de Terrasson sont : *d'azur à trois croissants entrelacés d'or, accompagnés de trois étoiles de même.* (W. Poidebard, *Livre de Famille*, Bibliothèque nationale, *Pièces originales*, vol. 2808. *Dossiers Bleus*, vol. 628; *Carrés d'Hozier*, vol. 593; *Cabinet*, 317; *Nouveau d'Hozier*, 311; *Chérin*, vol. 193.)

[1] Accord du 19 août, reçu Alard, entre Anne Maniquet, fille unique de feu Barthélemy, notaire à Rive-de-Gier, et noble Collette Rippaude et Claude Maniquet, son oncle, au sujet de l'héritage dudit Pierre Maniquet, leur père et aïeul du lieu de la Buissière (W. Poidebard).

[2] Pensant.

fortune, pardonna sa mort audit suppliant et néantmoins icelluy suppliant doubtant (craignant) rigueur de justice, s'est absenté du pays auquel ne ailleurs en nostre Royaume et pays du Daulphiné il nous serait jamais retourner, converser, reparer ne demourer se noz grace et miséricorde ne luy estaient sur ce imparties, en nous humblement requerant que, actendu que ledict cas est advenu d'aventure et que jamais il n'est question ne debat avecques ledit feu Loys Hemon et aussi que pardevant il a toujours esté de bonne vie, renommée et honneste conversation, sans jamais avoir fait ne commis aucun autre villain cas, blasme ou reproche il nous plaise luy impartir nosdites grace et miséricorde. Pourquoy nous, ces choses (considérées préferant misericorde a rigueur de justice, avons par ces présentes) et si donnons en mandement par ces mesmes présentes a nos amez et féaulx les gouverneur ou a son lieutenant et gens tenans nostre court de parlement de nostre pays de Dauphiné en jurisdiction et ressort desquelz ledit cas est advenu et à tous noz autres (affaires) etc., et afin (que se soit chose ferme et stable à toujours), etc., sauf, etc. »

Donné à Lyon au moys d'avril l'an de grace mil cinq cens (1500) et de nostre regne le troisième.

Par le Roy Daulphin a la relacion du Conseil et signé E. Gassault et signé Contentor Amys.

Discret maître Claude[1] Maniquet, notaire à la Buissière *(Loci Buxerie)* lequel passa le 19 août 1522 devant Maître Zacharie Alard, notaire à Rive-de-Gier, un accord au sujet des biens de feu maître Pierre Maniquet, son père, avec honorable femme Anne Maniquet, fille unique de feu maître Barthelemy Maniquet, notaire royal dudit Rive-de-Gier, frère dudit Claude.

Claude Maniquet avait épousé Marguerite Savoye[2] originaire de la Buissière.

De cette alliance vinrent :

  1° ARTHAUD qui suit ;

  2° BARTHÉLEMY deuxième du nom, auteur de la branche établie en Lyonnais et Forez, dont la descendance sera donnée après celle des Maniquet du Fayet.

III *degré*

Noble **Arthaud de Maniquet**, écuyer, épousa, par contrat du 4 jan-

---

[1] Claude Maniquet est qualifié seigneur du Fayet et père d'Arthaud, dans les manuscrits de d'Hozier. Le célèbre généalogiste du roi dit qu'il n'a pas trouvé plus loin que Claude et donne pour raison que les papiers des Maniquet furent brûlés pendant les guerres civiles (Bibliothèque Nationale, Cabinet des Titres. *Cabinet d'Hozier*, vol. 224).

[2] Savoye en Dauphiné : *d'azur à trois colombes d'argent.*

vier 1520, noble Hélène-Marguerite de Cheminal, fille de noble Martin
de Cheminal, officier en la Chambre des Comptes du Dauphiné, résidant
à Grenoble, laquelle lui apporta la somme de 400 écus d'or au soleil, en
outre 400 écus d'or pour ses habits nuptiaux. Ledit Claude Maniquet
donna audit Arthaud, son fils, la moitié de tous ses biens, meubles et
immeubles. Le contrat de mariage fut passé à Grenoble, dans la maison
dudit noble Martin Cheminal, située rue Saint-Laurent, devant noble
Gabriel Jouffrey, secrétaire des Trois Etats du Pays du Dauphiné, commis à cet office, et notaire Delphinal.

En présence de nobles agrégés hommes Jean Materon, époux de
Guyonne de Cassard, Guillaume Martin, docteur en droit, du Ru et
François Maniquet, prêtres, noble Jean Griffon, Claude Morel. Discrets
hommes Mes Denis Chanois, Jean Vernin, secrétaire Delphinal, Jean
Mionnet, Guillaume Savoye, Pierre Ourcel, etc.[1].

Noble Arthaut de Maniquet acquit, le 6 février 1543, de noble Pierre
Rodes, écuyer d'une famille noble de la Buissière, en la vallée du Graisivaudan, lequel s'était marié en Dombes où il se retira, le château du
Fayet, dans le mandement de la Buissière, en la paroisse de Barraux et
la mistrale de la Buissière[2].

Arthaud Maniquet, écuyer, capitaine-gouverneur d'Avallon en Dauphiné, châtelain et seigneur du Fayet acquit en 1544 d'Ennemond Mulet,
seigneur de Saint-Marcel, conseiller au Parlement du Dauphiné, fils du
célèbre magistrat Antoine Mulet, certaine portion de juridiction de la
Buissière.

Arthaud occupa, en 1548, la place de premier secrétaire du Parlement
de Grenoble pendant la minorité de François Pisard, en remplacement
de Louis Pisard décédé, son père[3].

Arthaud de Maniquet, écuyer, seigneur du Fayet, fut créé conseiller-
maître d'hôtel du roi le 5 novembre 1572[4], « ayant esgard et considération aux services que dès longtemps a fait à nos prédécesseurs et à nous
le sieur du Fayet en Dauphiné Arthaud de Maniquet et aussy de ceux
que ses enfants nous ont fait et continuant en plusieurs belles et hono-
rables charges et affaires », disent les lettres du roi Charles IX et, plus
loin, « desirant favoriser et honorer ledit Maniquet d'Estat et qualité
digne de ses mérites et services a plain confiance de ses sens, intégrité,

<hr>

[1] *Cabinet d'Hozier*, vol. 224. *Carrés d'Hozier*, vol. 408, titres Maniquet.

[2] *Nouveau d'Hozier*, vol. 222, manuscrit de la Bibliothèque Nationale. —
Bulletin de la Société archéologique de la Drôme, année 1866, 1re livraison,
article sur *Hector de Maniquet*.

[3] *Archives de l'Isère*, t. III, pp. 63 et 68.

[4] Manuscrit de la Bibliothèque de Grenoble, n° 1426, fol. 38, *Lettres* du Roi
Charles IX, nommant Arthaud de Maniquet son maître d'hôtel.

loyauté, prudomie et experience. Icelleuy pour ces causes et autres à ce nous mouvans avons retenu et ordonné, retenons et ordonnons par ces présentes en l'estat et office de Notre conseiller et Maître d'Hotel ordinaire pour dois en advant nous servir aux honneurs, autorités, prérogatives, preminences, franchises, libertés, livraisons, hotelages, gages, droits, proffit, revenus et esmoluments accoustumé et audit estat et office appartenans tant qu'il nous plaira, sy voulons et vous mandons que prins et recu audit de Maniquet le serment en tel cas requi et accoustumé et [1]. »

La charge de Maître d'hôtel du roi était l'une des plus considérables de la Cour ; ce dignitaire avait commandement sur les sept offices et recevait personnellement tous les ordres du roi [2].

Arthaud servait sous les ordres du grand maître d'hôtel Henry de Lorraine, duc de Guise. Les maîtres d'hôtel par quartier étaient Charles de Hangest et Guillaume de Chaponnay. Le grand maître Henri de Guise avait 400 écus de gages et les autres maîtres d'hôtel, servant par deux mois, avaient 176 écus 2/3 de gages [3].

Arthaud fit son testament le 7 novembre 1573, par lequel il voulait être enterré dans l'église paroissiale de la Buissière, dans la chapelle de M. de Granges [4] de Brignond, où était de tout temps la sépulture des seigneurs du Fayet ou bien où demoiselle Hélène Cheminal, sa femme, était enterrée. Il voulut que le jour de son enterrement il soit pourvu de luminaire, suivant l'avis de noble Antoine Savoye de la Chaux, son neveu. Il légua à nobles Jean et Abel Maniquet, ses enfants, la somme de 2000 livres à chacun et institua son héritier noble Hector de Maniquet, son fils, conseiller maître d'hostel de la reine Marguerite, sœur du roi [5].

Ils avaient eu de demoiselle Cheminal [6] les enfants qui suivent :

1° HECTOR qui suit ;

2° JEAN qui testa en 1591 en faveur de l'église réformée de la Buissière [7] ;

[1] Donné à Paris soubs le scel de Notre secret le 5 novembre 1572 aussy signé par le Roy, le Comte de Retz ; premier gentilhomme de sa Chambre et au dessoubs : de Neufville *(Nᵒ 1426, f. 38)*.

[2] *Etat de la France*, par Frère Ange, t. I, p. 188 ; Mathieu, *Etablissement des Etats et Offices de la Maison et Couronne de France*, Forestier, Paris, 1626 ; Viton de Saint-Allais, *Dictionnaire encyclop. de la Noblesse de France*, t. II.

[3] *Clairambaut*, vol. 836 et 837 ; *Manuscrit français*, 7856.

[4] On disait autrefois Bonté de Granges et Force de Commiers et aussi Granges et Commiers, tel les regarde qui ne les ose toucher *(Ms. fr. 32.209)*.

[5] Acte reçu par des Vieux Notaires et passé au Fayet, *Carrés d'Hozier*, vol. 408.

[6] Hélène de Cheminal appartenait à une famille alliée aux Maisons des Ferrants et des Faure de Grenoble. Cette famille s'est éteinte depuis longtemps faute de mâle. *(Cabinet d'Hozier.)*

[7] *Carrés d'Hozier*, vol. 408, et de Gallier, *Notice sur Hector de Maniquet.*

3° **Abel de Maniquet**, lequel fut maître des Eaux et Forêts de Crécy, dont Catherine de Médicis était titulaire.

Abel de Maniquet reçut, le 25 janvier 1576, de Catherine de Médicis, mère du roi, un don de 1000 livres tournois[1].

IV *degré*

Hector de Maniquet, écuyer, épousa, avant le 23 octobre 1551, Marie Roussin, fille unique de sire Jehan Roussin, « bourgeois de Paris », et de Marguerite de Juvenal[2].

Marie Roussin appartenait à une vieille famille bourgeoise de la ville de Meaux[3]. D'Hozier dit que cette famille était alliée à celle des Mahault de Longeron[4].

Hector reconnaît avoir reçu, le 23 octobre 1551, de noble messire François de Vigny, sieur de Forest, receveur de la ville de Paris, les rentes dues à Marguerite Juvenal[5], sa belle-mère[6].

---

[1] Donation faite par Catherine, reine de France, mère du roy, dame de Crécy-en-Brie, à Abel de Maniquet, seigneur de Drosay, maître des Eaux et Foretz dudit Crécy d'une somme de Mille livres tournoiz, — Blois le 25 janvier 1576 par la reine-mère du Roy. Signé Chantereau. (*Pièces originales*, vol. 1828, pièce n° 5 et *Carrés d'Hozier*, vol. 408.)

[2] D'après un *Mémoire* que nous possédons, Marie Roussin est dite fille de N. de Roussin, trésorier de France à Paris, et de Marguerite de Juvenel.

[3] Son auteur était Roland Roussin, seigneur de Fay, époux de Jeanne de Vernon, d'où sont sortis : Pierre, lieutenant de Meaux, époux de Marguerite Cosset ; Louis, contrôleur du Sel, époux de Marie Legendre ; Pierre, conseiller à Meaux ; Marie Roussin, épouse de Louis Legendre, bailly de la Ferté. Louis Roussin, bailly à Coulommiers ; Pierre, conseiller à Meaux, époux de Marie Clarcellier ; Pierre, prêtre ; Marguerite, épouse de Claude Py, conseiller à Meaux ; Louis Roussin, avocat au Conseil ; François Roussin, notaire à Meaux ; Jean, avocat du Roy à Meaux, époux de Marie Le Maitre ; Marguerite, mariée à Bernard, lieutenant criminel à Meaux ; Jean Roussin, époux de Marguerite Juvenel ; Marie Roussin, épouse d'Hector Maniquet, maître d'hôtel de Marguerite de Navarre ; Marguerite Roussin, épouse de François d'Argoust ; Jeanne, femme de Jean Le Cœur, seigneur de Bagneux, etc. (*Dossiers bleus*), Roussin, vol. 587, dossier 15.439, pièce 2).

[4] D'Hozier donne à Marie Roussin, épouse d'Hector Maniquet, les armes suivantes : *d'azur à trois ailes davian fermées le bout entrant (Cabinet d'Hozier*, vol 224).

[5] Marguerite-Marie Juvénal est décédée le 9 avril 1551 après Pâques (*Pièces originales*, vol. 1828, pièce 4).

[6] Je soubzigné, Hector de Maniquet, confesse avoir eu et receu de noble Messire Françoys de Viguy sieur de Forest, receveur de la ville de Paris, la somme de cinquante solz tournoiz pour un quartier escheu le dernier jour de septembre dernierement passé, à cause de dix livres tournois de rentes à moy asseurés à cause de Marie Roussin, ma femme et y tenant à cause d'elle comme héritière seule de Marguerite Juvenal, en son vivant espouse de Jehan

Hector fut d'abord maistre d'hostel du roi Charles IX[1], puis fut reçu, en 1567, maistre d'hostel de Marguerite de France, sœur du roi, en remplacement du seigneur de Charanconnay, aux gages de 500 livres tournois. A cette époque, on trouve comme maître d'hôtel, avec lui, Alphonse de Gondy, Jacques de Lezay, seigneur de Childrac, et Jean de la Beaume[2].

Hector de Maniquet, écuyer, seigneur du Fayet, fit, le 7 novembre 1570, une constitution d'une rente[3] en faveur de Marie Touchet, maîtresse de Charles IX, et fille de Jean Touchet, lieutenant particulier au bailliage d'Orléans, et de Marie Mathies ; celle-ci était fille d'un médecin du Roi[4].

Hector fut le 27 novembre 1570, maître des Cérémonies à Mézières, au mariage de Charles IX avec Élisabeth d'Autriche; plus tard, en 1574, celle-ci devenue veuve, ce fut Hector qui fut chargé de la reconduire en Allemagne; elle se retira à Vienne, où elle fonda le monastère de Saint-Clair et y mourut le 22 janvier 1592, âgée de trente-huit ans.

En 1571, Charles IX octroya à Hector de Maniquet du Fayet un tènement considérable dans la forêt domaniale de Servette, voisine du Fayet, « *ayant esgard et considération* », disent les lettres de concession datées du château de Boullongue-lès-Paris, « *aux bons et agréables services qu'il nous a par cy-devant faicts en l'exécution de plusieurs charges et commissions d'importance où il a esté employé, comme ils est encores ordinairement, pour notre grand contentement et satisfaction* ». Ces termes semblent indiquer qu'Hector de Maniquet avait déjà rempli des

Roussin, en leur vivant bourgeois de Paris, père et mère de ladite Marie Roussin. Ladite rente avoir esté vendue et constituée par les ditz prevostz des marchands et eschevins de ladite ville, le samedy neufviesme jour avant Pasques 1551 sur l'aide et imposts, etc., sur les villes de Rouen et autres. De laquelle somme je tiens quicte ledict de Vigny, receveur susdict et avec lesdictes faicts soubz mon seing manuel le vingt troisième jour d'octobre l'an mil cinq cens cinquante et un (23 octobre 1551). (Bibliothèque Nationale, *Pièces originales*, vol. 1828, dossier Maniquet, 42.247, pièce 2.)

[1] *Mémoire* provenant du cabinet du duc de Persigny et *cabinet d'Hozier*, vol. 224.

[2] Estat des Officiers de la maison du Roi. Les Maistres d'Hostel en 1567, (*Fonds français*, n° 7.856, pp. 1.256 et 1.257.

[3] Constitution de la somme de cent livres, passé le 7 novembre 1570 par noble Hector de Maniquet, maître d'hôtel de Madame Marguerite de France, et par demoiselle Marie Roussin, sa femme, au profit de Marie Touchet « Bourgeoise de Paris » acceptante par Me Jean Touchet son père et à cet acte reçu par Jean Brigant et Robert Foucart notaires au Châtelet de Paris. (*Carrés d'Hozier*, vol. 408 : *Nouveau d'Hozier*, vol. 222).

[4] Marie Touchet, née en 1549, épousa le 20 octobre 1578 François de Balsac d'Entragues, gouverneur d'Orléans, lequel avait épousé, en premières noces, Jacqueline de Rohan.

missions secrètes, soit auprès des chefs de parti qui divisaient alors la France, soit, comme cela devait lui arriver plus tard, à la cour de princes étrangers. Il savait s'attirer la faveur des grands, qui usaient volontiers de son habileté dans les affaires[1].

Le 24 janvier 1572, huit mois avant la Saint-Barthélemy, Hector fut honoré de la confiance de Charles IX, lequel le chargea d'une mission secrète en Allemagne auprès des Électeurs palatins de Saxe et du Landgrave de Hesse[2] (commission registrée en la Chambre des Comptes de Paris). Un témoignage de confiance d'une nature autrement délicate fut accordé à Hector de Maniquet par le roi lui-même. En 1573, la maîtresse de Charles IX, Marie Touchet, étant devenue enceinte pour la seconde fois, le roi ne crut pouvoir la remettre en des mains plus sûres que celles du négociateur dont il avait éprouvé la discrétion. Elle accoucha au château du Fayet, le 28 avril 1573, dans la *tour du Cardinal*, de Charles, bâtard de Valois, appelé plus tard comte d'Auvergne et duc d'Angoulême, qui, mêlé aux intrigues d'Henriette de Balzac d'Entragues, sa sœur utérine, expia par une captivité de douze ans sa participation à une conspiration contre Henri IV. En mémoire de cet événement, la chambre où naquit le prince et que l'on montre encore aux étrangers a retenu le nom de la *Chambre d'Angoulême*[3].

Un manuscrit de la Bibliothèque nationale du Cabinet des titres, au département des Manuscrits, nous fournit le renseignement suivant :

« *La maison du Fayet est située en la vallée du Graisivaudan auprès*
« *du fort Barraux. Le Roy Charles 9ᵉ voulut que la mère de M. le duc*
« *d'Angoulême y fut conduite pour y faire ses couches et on assure qu'au*

[1] A. de Gallier, *Notice sur Hector de Maniquet.*

[2] Chorier, Guy Allard, d'Hozier, Gariel et plusieurs autres écrivains supposent à tort qu'Hector de Maniquet reçut la mission de rejeter sur la populace de Paris la responsabilité de la Saint-Barthélemy ; Maniquet fut envoyé en Allemagne plusieurs mois auparavant puisque ses instructions portent la date du 7 janvier 1572 et que la Saint-Barthélemy n'eut lieu que le 24 août suivant. M. A. de Gallier a publié les Instructions du Roi et le rapport de Maniquet au Roi sur sa mission en Allemagne. Ces deux pièces offrent des détails intéressants sur les dispositions de l'Allemagne, et présentent surtout à nos yeux le mérite de former un anneau de cette longue chaîne de preuves qui établissent la non-préméditation de la Saint-Barthélemy. (A. de Gallier, *Bulletin de la Drôme*, art. *Maniquet.*)

[3] Pour la naissance du duc d'Angoulême au château du Fayet on peut consulter : François Le Maire, *Antiquités de la ville d'Orléans*, Orléans, 1645 ; Nicolas Chorier, *Estat politique du Dauphiné*; Jules Sestier, avocat, *la Vallée du Graisivaudan*; Marquis de Belleval, *les Bâtards de la Maison de France*, Paris, 1901 ; de Rochas, *Biographie de Dauphiné*, art. Cassard; Balzac, *Études philosophiques*; Bayle, *Dictionnaire historique*, art. Marie Touchet; Henri Stein, *le Contrat de mariage de Marie Touchet*, etc.

« *moment qu'elle se délivrait, il tomba 3 aiglons dans le feu par le tuyau*
« *de la cheminée de sa chambre*[1]. »

C'est peut-être à partir de ce moment que les Maniquet prirent pour
supports : *deux aiglons*.

Par deux fois, en 1573 et en 1578, Eléonor, duc de Longueville, passa
à Hector procuration pour divers intérêts. Hector acquit de cette famille
la baronnie de Fontaine[2]. Hector de Maniquet acheta du roi, le 12 août

Château du Fayet (vallée du Grésivaudan, Dauphiné). État actuel.

1573, les pierres provenant des démolitions du château de la Buissière,
qui servirent sans doute aux nouvelles constructions du Fayet[3]. Hector
de 1575 à 1580 reconnaît avoir reçu plusieurs sommes. (*Pièces originales*,
vol. 3, 4, 5, 6, 7, 8, 9, 10.)

Henri, roi de Navarre, plus tard Henri IV, chargea Maniquet de diffé-

---

[1] *Cabinet d'Hozier*, vol. 224.

[2] Hector de Maniquet fut pourvu de l'office de grand maistre des Eaux et
Forêts du Languedoc, Guyenne et Dauphiné. Il posséda de grands biens et
des terres fort étendues en France, entre autres la Baronnie de Fontaine-le-
Chastel, acquise de la Maison de Longueville... Henri IV l'honora d'une des
six charges de grands mestres réformateurs des Eaux et Forêts de France,
avec la survivance de la charge pour son fils aîné Ludovic de Maniquet.
(*Cabinet d'Hozier*, vol. 224.)

[3] A. de Gallier, art. *Maniquet*.

rentes missions, de 1579 à 1580, entre autres celles du règlement de ses forêts[1]. En 1580, Catherine de Médicis envoya Maniquet au Roy de Navarre et elle le chargea de différentes missions auprès des gentils-hommes de la Religion[2].

Hector fut chargé par Henri III de remettre, le 27 janvier 1581, quinze mille écus à la reine de Navarre dont il était maître d'hôtel « vu l'état obéré de ses finances lui serait très utile pour son voyage. D'ailleurs, le roi et Catherine de Médicis tenaient beaucoup à avoir de nouveau Margue-rite près d'eux à la Cour, et s'ils avaient pu, *ils auraient désiré que le Roi de Navarre y vînt aussi*[3] ».

Marguerite de Valois cite dans ses *Mémoires,* page 180, l'invitation de la Reine-mère et du Roi... « *m'envoyant Maniquet qui était mon maistre d'hostel...* », dit-elle[4].

Marguerite de Valois, reine de Navarre, écrit le 25 septembre 1581 à Guy du Faur de Pibrac, son chancelier, en le morigénant de belle façon; elle le prie de bien vouloir « *bailler ses sceaulx à Maniquet qui lui fera promptement tenir*[5] ».

Henri III nomma, en 1581, Hector, grand-maître enquêteur et réfor-mateur pour les Eaux et forêts dans le ressort des Parlements de Tou-louse et de Bordeaux[6].

Il fut reçu, le 5 septembre 1582, gentilhomme servant de la reine Marguerite. C'est probablement vers cette époque qu'il fut envoyé vers les Suisses pour une levée de 4.000 hommes qui fut conduite en France par le colonel Aist[7].

Hector ne vivait plus à la date du 30 avril 1585, comme on le voit par un acte de Laurent Mahault, avocat en la Cour du Parlement, lequel était tuteur, à cette époque, des enfants de *feu* Hector de Maniquet et de demoiselle Marie Roussin[8].

Hector et **Marie Roussin** ont donné naissance à cinq fils et trois filles :

---

[1] *Lettres de Henri IV* (1562-1584), t. I, pp. 212 et 268.

[2] *Lettres et Missives de Catherine de Médicis* (1579-1581), pp. 183, 235, 236.

[3] *Lettres de Catherine de Médicis,* pp 254 et 420.

[4] *Mémoires et Lettres de Marguerite de Valois.*

[5] Dans les *Lettres et Missives de Catherine de Médicis,* nous lisons à la page 236 : « Il avait déjà servi de négociateur en 1572, envoyé par Catherine pour calmer l'irritation des princes protestants d'Allemagne au lendemain de la Saint-Barthélemy. » Nous croyons que l'éditeur s'est trompé sur ce point.

[6] A. de Gallier, *Notice sur Hector de Maniquet.*

[7] *Mémoire* provenant du cabinet du duc de Persigny.

[8] *Pièces orig.,* vol. 1.828, pièces 13, 14, 15.

1º Ludovic de Maniquet du Fayet, écuyer sieur du Haut, conseiller du roi, grand-maître enquêteur et général réformateur des Eaux et Forêts de France, eut pour parrain Ludovic de Gonzague, duc de Nevers.

Il fut page du roi Henri III. Il habitait Paris en 1588.

Ludovic de Maniquet, écuyer sieur du Fayet, conseiller du roi, grand-maître, enquêteur et général réformateur des Eaux et Forêts de France, Charles de Maniquet aussi écuyer, son frère, habitant tous les deux à Paris, Catherine, leur sœur mineure, touchèrent, le 19 juillet 1588, la rente qui leur venait de leur aïeule Marguerite Juvénal, par Louise de Vèze, veuve de M. Antoine Le Masson [1].

Ludovic, tant en son nom que comme tuteur et curateur de Catherine de Maniquet et d'Emmanuel-Philibert de Maniquet ses frère et sœur ; François de Gomer, écuyer, seigneur de Breuil et de Luzancy, époux de Marie de Maniquet, touchent les 2 écus 5 sols du quartier échu le 31 décembre 1588 [2].

2º Étienne de Maniquet, écuyer seigneur de Hennevilliers, demeurant à Paris, rue de la Mortellerie, paroisse Saint-Paul, reconnaît le 7 octobre 1595 avoir reçu de la comtesse de Longueville la somme de quatre-vingt-onze écus deux tiers, pour une année échue le dernier décembre 1594, de rente qui lui revenait comme cohéritier de *feu* Hector de Maniquet, auquel ladite duchesse de Longueville devait 400 écus prêtés à ses enfants par ledit défunt. Il fait même acte le 18 juillet 1598.

Etienne de Maniquet, étant alors prisonnier à la Conciergerie du Palais, fait, le 14 juillet 1598, une transaction avec son frère Charles et lui cède le droit qu'il a sur la terre du Fayet en Dauphiné [3].

Etienne donne, le 9 août 1600, quittance de la rente de 2 écus 5 sols d'un quartier échu le 31 décembre 1598, pour la rente constituée par le prévost des marchands et eschevins de la ville de Paris, à son aïeule Marguerite Juvenal, le 25 août 1562, sur les 5 sols pour muid de vin entrant à Paris.

Etienne de Maniquet, écuyer seigneur de Hennevilliers, confesse le 6 décembre 1603, avoir reçu la somme de 7 livres 16 sols d'une rente qui avait été vendue et constituée au duc de Nivernois.

Dans les années 1613, 1615, 1622 et 1624 il fait plusieurs reçus pour différentes sommes qui lui étaient dues [4].

---

[1] *Cabinet d'Hozier*, vol. 224; *Pièces orig.*, vol. 1.828, pièces 17-18.
[2] *Pièces orig.*, vol. 1.828, pièce 18.
[3] *Pièces orig.*, vol. 1.828, pièce 19, et *Nouveau d'Hozier*, vol. 222.
[4] *Nouvelle acq.*, 20, 248, p. 40.

Etienne de Maniquet avait eu, de Marie de la Pierre, un fils nommé Hélie, lequel fut légitimé en janvier 1631[1].

Etienne ne vivait plus le 1er mai 1642[2].

3° ANTOINE DE MANIQUET a dû mourir fort jeune[3].

4° BARBE DE MANIQUET, religieuse à l'abbaye de Formonte[4].

5° CHARLES DE MANIQUET, qui suit :

6° MARIE DE MANIQUET fut une des filles d'honneur de la reine-mère du Roi ; elle épousa, le 5 avril 1583, François de Gomer[5], chevalier, seigneur de Breuil et de Luzancy, fils de Christophe, écuyer seigneur du Breuil et de Luzancy, près la Ferté-sous-Jouarre, homme d'armes de la Compagnie du connétable de Montmorency, et de Charlotte de Marle, vicomtesse d'Arcy-le-Ponsart. François de Gomer était né en 1559 ; il était le premier des témoins qui déposèrent dans l'enquête faite en 1614, de la preuve pour l'admission dans l'ordre de Malte de Jacques de Gaunes, de Coingis.

Marie de Maniquet dame du Breuil fut marraine à Passy-s-Marne, près Condé-en-Brie, le 1er juillet 1591, de Jacques fils d'Emmanuel d'Anglebermer, seigneur de Laigny et de Passy, et de Charlotte de Mornay, elle eut comme compère Jacques d'Aumale, vicomte du Mont-Notre-Dame[6].

François de Gomer donna procuration à sa femme, le 3 août 1619; elle était veuve de lui en 1620[7].

---

[1] *Nouvelle acq. fr.* 8.485, folio nouveau 199, ancien 19.

[2] *Pièces orig.*, vol. 1.828, pièce 41, et *Cabinet d'Hozier*, vol. 222.

[3] *Pièces orig.*, vol. 1.828, pièces 45 et 46.

[4] *Instruction à Monsieur Allard* pour les alliances de la famille de Maniquet (Bibliothèque de la ville de Grenoble).

[5] *Cabinet d'Hozier*, vol. 166. Les armes des Gomer sont: *d'or, à sept merlettes de gueules au lambel d'azur en chef.* (Voyez aussi, Saint-Allais, *Nobiliaire Universel*, généalogie Gomer et instructions à M. Allard, pour les alliances et parenté de la famille Maniquet hors de la province du Dauphiné, *Manuscrit* de la Bibl. de la ville de Grenoble).

[6] Souchon, *Inventaire sommaire des Archives de l'Aisne*, t. V.

[7] Du mariage Maniquet-Gomer sont issus : 1° Charles de Gomer, chevalier-seigneur de Luzancy, de Verdon, de Courcelles-la-Ferté et du Bois-Larché, marié en juin 1634 à Marie d'Anthonis de Perreux, fille de Charles d'Anthonis de Perreux, gouverneur de Laval et de Marguerite de Parcarlarre. Ils laissèrent une nombreuse postérité; 2° Charlotte de Gomer, épousa, en 1626, Louis de Blécourt, chevalier-seigneur de Béthancourt, de Dampcourt, du Mesnil et de la Tour de Brunetet, fils d'Antoine, seigneur de Béthancourt et de Jeanne d'Auxy. Leur fille, Charlotte de Blécourt, fut mariée, le 16 juin 1628, avec Fiorimond Brulard, marquis de Genlis, lieutenant des gendarmes d'Orléans ; Olive de Gomer, dame de Breuil, mariée le 12 juillet 1620 avec Louis de Briançon, seigneur de la Saludie, mestre de camp de 1000 hommes de pied, capitaine d'une compagnie de chevau-légers et gouverneur d'Hermenstein en

Marie de Maniquet, veuve du seigneur de Gomer, fait, le 26 février 1624, une donation[1].

7° CATHERINE DE MANIQUET, fille mineure en juillet 1588, jouissante de ses droits en 1598, épousa Jacques Le Faure, écuyer, seigneur de Morsan, près Corbeil, trésorier provincial en Champagne, puis trésorier de France à Paris, fils de Jacques Le Faure, écuyer, Vicomte de Sens, seigneur de Morsan prévôté de Corbeil et de demoiselle N. Hennequin de Mathan. Jacques Le Faure, écuyer seigneur de Morsan et Vicomte de Sens, Conseiller du Roi et trésorier à l'extraordinaire en Champagne, demeurant à Paris rue St-Avoye, paroisse St-Nicolas des Champs, passe un contrat avec Maistre Pierre Le Faure, avocat en la Cour de Paris, son frère[2].

Catherine de Maniquet est marraine à Chartrette en Brie en 1623 de son neveu Jacques de Maniquet.

Demoiselle Catherine de Maniquet étant alors veuve de Jacques Le Faure, écuyer, seigneur de Morsang, demeurant à Paris, rend foi et hommage de la terre de Morsang, en mars 1623[3].

Catherine, tant en son nom que comme tutrice et ayant la garde noble de ses enfants mineurs, confesse avoir reçu le 22 novembre la somme de 39 livres 5 sols, pour un quartier échu le dernier jour de décembre 1621, à cause de six vingt-cinq livres tournois de rente faisant partie de dix-huit cent vingt livres douze sols trois deniers de rente vendu et constitué à Monseigneur Henri de Savoie, comme père de damoiselle Guygarenet et Louise Colombière, le 31 janvier 1562, par les Etats de France[4].

En 1635, la terre et seigneurie de Morsan-sur-Seine dépendait et relevait en plein fief de la terre et seigneurie de Vaux-le-Vicomte, qui avait pour seigneur François Lotin, seigneur de Charny. Catherine de Maniquet dame

Allemagne. La descendance de Marie de Maniquet et de François de Gomer s'allia aux marquis de l'Aigle en Normandie, aux marquis de Janson en Provence, aux comtes de Clermont-Lodève en Languedoc, aux marquis des Autels en Thierache et à d'autres familles illustres.

[1] *Cabinet d'Hozier*, vol. 166.

[2] Jacques le Faure, époux de Catherine de Maniquet, avait pour frères et sœurs : 1° Claude le Faure, sieur de Barthélemy, prévôt-lieutenant-général à Montargis; 2° Pregente le Faure, mariée à André Maillard, maître de requêtes; 3° Louise, épouse d'Antoine Michon, maître des comptes; 4° Pierre le Faure, président aux Aides, fut général des Aides (26 juillet 1572), Président (14 octobre 1575), lequel épousa Marie Guiberteau; 5° Barthélemy le Faure, trésorier de France, épousa N. Donon; 6° Marie le Faure, alliée à Pierre Guérin, receveur et payeur à la Cour des Aides (Bibliothèque Nationale, cabinet des Titres; *Pièces orig.*, vol. 108, et *Manuscrit* de la ville de Grenoble.)

[3] Archives Nationales *M* 463, Titres *Maniquet*.

[4] *Nouvelles acquisitions françaises*, vol. 20.248, p. 37.

de Morsang, bourgeoise de Paris, en son nom et comme ayant la garde noble de ses enfants, fut exempte du ban et arrière-ban du bailliage de Melun[1].

Catherine de Maniquet, demeurant à Paris, ayant toujours la garde noble de ses enfants mineurs[2], reconnaît avoir reçu la somme de cent cinquante-trois livres huit sols tournois pour un quartier échu le dernier de mars 1636, à cause de six cent treize livres douze sols tournois constitué à la dite demoiselle par M. le Prévôt des marchands et échevins de la ville de Paris, le 26 ..... 1606, à prendre sur les trois millions de livres assignées sur les Gabelles de France[3],

Catherine fut le 1er mai 1642 héritière de son *feu* frère Etienne de Maniquet, écuyer[4]

Catherine ne vivait plus le 1er mai 1656[5].

8º EMMANUEL-PHILIBERT, dont la descendance sera donnée après celle de Charles, Emmanuel forma la branche établie en Brie.

V *degré*

Charles de Maniquet, seigneur du Fayet, cinquième enfant d'Hector et de Marie Roussin, demeurant alors à Paris, rue Mortellerie, paroisse St-Paul, agissant le samedi 15 juillet 1598 en son nom et comme tuteur de son frère Emmanuel reconnaît avoir reçu de Noble homme N..., receveur et paieur des rentes constituées sur les aides, la somme de huit écus vingt sols tournois pour le quartier échu le dernier jour de septembre 1596 à cause de trente escus vingt sols de rente audit Emmanuel de Maniquet appartenant et qui ont été déduits et constitués par le Prévôt des marchands de l'Hôtel de Ville de Paris à Messire François Croizet et le 30 mai en l'Hôtel sur les Aides impositions, etc., de Normandie[6].

Charles de Maniquet du Fayet obtint en 1598 une sentence en sa faveur contre Catherine de Gonzagues et de Clèves[7] le 10 novembre 1603, Nicolas Boucle, conseiller du Roi et général en sa Cour des Aides, confesse avoir reçu comme procureur de Charles Maniquet, seigneur du Fayet, la

---

[1] Archives de Seine-et-Marne, *B.* 509. *Revue historique*, par M. H. Sandret, année 1872, p. 97.

[2] Du mariage Maniquet-le-Faure naquirent quatre enfants. Trois fils moururent dans les armées du Roi sans laisser de postérité ; le troisième, Pierre le Faure de Morsan devint Jésuite, alla d'abord aux Indes, puis en Chine, enfin vers 1652, au Japon (*Manuscrit de la ville de Grenoble*).

[3] *Nouv. Acq.* 20 248, p. 38.

[4] *Pièces orig.*, vol. 1.828, dossier 42.247, pièce 41.

[5] *Nouv. Acq. fr.*, vol. 20.248, p. 40.

[6] Bibliothèque Nationale, *Nouv. Acq. fr.* 20.248, pièce 21, et *Pièces orig.*, vol. 1828.

[7] Archives Nationales, *Titres généalogiques*, M. 462.

somme de quinze livres douze sols pour un quartier échu le 3o septembre dernier.

Charles de Maniquet épousa par contrat du 4 février 1606 passé, pardevant Maitre Poudret, notaire à Saint-Bonnet ressort de Saint-Marcelin, Isabeau de Chaponay, fille de Nicolas, écuyer, seigneur de Saint-Bonnet, près Vienne[1]. Elle était nièce de Monsieur de la Roche, gouverneur de Romans[2].

Noble Charles de Maniquet, seigneur du Fayet, Capitaine-Châtelain de la Buissière et Bellecombe et mistral de la Buissière passa en 1629 un acte avec Louise Gerenthon[3].

Charles de Maniquet du Fayet et noble Isabeau de Chaponay son épouse firent le 17 mars 1638 leur testament par lequel ils voulurent être enterrés dans l'église paroissiale de Barraux dans la chapelle de St-Marcel, où leurs enfants étaient inhumés, ils léguèrent à demoiselle Claudine Maniquet leur fille, femme d'Isaïe de Cassard la somme de 10 l avec la nourriture et entretien de demoiselle Lucrèce Cassard, sa fille, et les arrérages de la Rente que noble Isaïe de Cassard devait à la maison du Fayet, ils léguèrent à Marguerite Maniquet leur fille, femme de noble François Glézat, avocat consistorial au Parlement de Dauphiné, pareille somme de 10 l et ils instituèrent leur héritier Prosper de Maniquet, leur fils[4].

Charles de Maniquet fut maintenu dans sa noblesse par le Parlement de Grenoble le 3o Mars 1638[5].

Charles, après avoir commandé avec beaucoup d'honneur jusqu'à cinquante ans une compagnie de cavalerie, se retira dans sa maison du Fayet.

Charles et demoiselle de Chaponay ne vivaient plus en 1651. Ils eurent entre autres enfants:

1° CLAUDINE, laquelle épousa, avant le 17 mars 1638, Isaïe de Cassard[6]

---

[1] Chaponay de Saint-Bonnet, armes : *de gueules à la face dentelée d'or à 3 barres retraitées d'argent mouvant du chef.*

[2] *Cabinet d'Hozier*, vol. 224 : *Nouveau d'Hozier*, vol. 222.

[3] *Archives de l'Isère*, t. II, série B. 69.

[4] Cet acte fut passé pardevant Remond, notaire à Barraux, en présence de Messire Benoît des Imberts, aumônier du roi au fort de Barraux et de Me Charles du Faure, procureur au Parlement de Grenoble, le 7 avril 1638. *Carrés d'Hozier*, vol. 4o8.

[5] Attendu que lui et ses ancêtres sont notoirement nobles, et ont continuellement servi aux armées et assisté au ban et arrière-ban, ayant toujours été compris aux Rolles des nobles et taxés avec eux, etc., etc., privilèges de noblesse avec défense au commissaire du lieu de la Bussière-Barraux de les inquiéter, etc. *(Nouveau d'Hozier, vol. 222).*

[6] Cette famille a produit François de Cassard, cardinal du titre de Saint-Martin, mort en 1237. Guillaume est au nombre des nobles possédant fief dans

sieur de Bellechambre de la famille de Cassard qui avait fait bâtir le Fayet et à laquelle le fief appartenait de temps immémorial.

En avril 1640, Isaïe de Cassard écrivit au sujet du Fayet : « Le « Fayet est une maison antique et un fief dans le mandement de « la Buissière. Sa première structure n'estait qu'une seule tour à « l'antique, à laquelle ayant esté adjoustés de très beaux agen- « cements par le sieur de Maniquet, maistre d'hostel du roy « Charles neufviesme, elle fust honorée de la naissance de M. le « duc d'Angolesme. Néantmoins ces édifices nouveaux n'ont pas « esteint la mémoire des premiers auteurs du vieux appartement « que les anciens du lieu ont toujours appelé de père en fils la *tour* « du Cardinal de Cassard[1]. »

Isaïe de Cassard fut présent, en 1651, au contrat de mariage de son beau-frère Prosper de Maniquet avec demoiselle de Rivolles[2].

Claudine de Maniquet, veuve d'Isaïe de Cassard, fit enregistrer en 1696 les armoiries de la famille de Cassard au bureau de Grenoble[3].

le mandement de la Buissière en 1339. Robert du Terrail, mort à la bataille de Poitiers, le 19 septembre 1356, épousa Aloïse de Cassard, *Archives de la Chambre des Comptes du Dauphiné*, livre cote A, intitulé *Designatio castorum Dalphinalium* et *Annuaire du Conseil Héraldique* de France et Terrail. (Pièces O. 2.808 ; *Dossiers bleus*, 628 ; *Carrés d'Hoz.*, 593 ; *Cab.*, 317 ; *Nouv. d'Hozier*, 311).

[1] C'est cette note manuscrite qui a servi à Duchesne pour l'article de François de Cassard, archevêque de Tours, dans son *Histoire des Cardinaux*.

La famille de Cassard possédait à la Buissière une habitation sur la porte de laquelle se trouve encore : *une tête de licorne sculptée* (Maison Marcelin-Richard). Jules Sestier, avocat, *la Vallée du Graisivaudan*.

[2] Du mariage Maniquet-Cassard sont nés : 1° François de Cassard ; 2° Lucrèce de Cassard, religieuse au monastère de Notre-Dame de Formont ; 3° Louise de Cassard qui fut mêlée, en 1699, dans un procès entre Clotilde de la Coste, veuve de noble Octavien-Vincent Audeyer de Charmette, et noble Alexis de Maniquet du Fayet (*Archives de l'Isère*, série II, 464) ; 4° Isabeau de Cassard, femme de Félicien de Boffin, baron d'Uriage (*Carrés d'Hozier*, vol. 408), un des descendants de Romanet Boffin, homme de grande piété, lequel, de retour de deux voyages en Terre-Sainte, fit construire, en 1515, en la ville de Romans, un mont de Calvaire et un couvent de Cordeliers occupé depuis par les Recollets (*Chérin*, vol. 28), Boffin, *d'or au bœuf de gueules, au chef du même chargé de trois croix du Calvaire d'or*. Les personnages distingués de cette famille furent Félicien Boffin, avocat général au Parlement de Grenoble (1554), Pierre de Boffin, seigneur de Puisignieu, titré marquis d'Argenson, commandeur de l'ordre de Saint-Louis, des armées du Roi et gouverneur de Gap † 1734. Alliances : de Viennois, de la Croix Saint-Vallier, de Langon, de Micha, de Menon, du Vache, de Morges, de Briançon, de Buffevant (*Chérin*, vol. 28 ; Gariel, *Arch. de l'Isère*, II. 135, p. 168).

[3] *D'azur à la licorne passant d'argent*. Armorial général de France, registre du Dauphiné.

2° Marguerite de Maniquet laquelle s'allia avant le 17 mars 1638, avec noble François Glézat, avocat consistorial de Dauphiné;

3° Prosper de Maniquet qui suit.

VI *degré*

Prosper de Maniquet, écuyer seigneur du Fayet suivant les exemples de ses pères fit aussi profession des armes, reçut plusieurs blessures aux batailles de Rocroy (1643), de Lens et de Fribourg (1648), où il commanda une compagnie dans le régiment de la Saludie. Il épousa par contrat passé devant maître Roullet, notaire au Bourg de Thullins-en-Dauphiné, le 29 mai 1651, demoiselle *Virginie-Romaine de Rivoles*, fille de noble Claude-Romain de Rivoles[1], vivant conseiller du Roy et maître ordinaire en sa Chambre des Comptes du Dauphiné, et de demoiselle Catherine de Salvaing de Boissieu[2].

Il était assisté à son contrat de mariage de Messire Emmanuel-Philibert Maniquet, écuyer, son oncle, seigneur des Bergeries-en-Brie, de Broles, et de noble Isaïe de Cassard son beau-frère, seigneur de Bellechambre, de Messire Jean de la Croix-Saint-Valier, chevalier, marquis de Domacieu, baron de Clévieu, seigneur de Chevrières, de Saint-Valier et conseiller du Roi en son Conseil d'Etat et président en sa cour du Dauphiné; de noble Imbert, chevalier seigneur de Saint-Bonnet, conseiller au Parlement de Grenoble; de noble Gabriel de la Croix, seigneur de Pizançon, conseiller au Parlement de Grenoble, de Messire Louis du Faure, conseiller du Roy en ses Conseils, conseiller au Parlement de Grenoble; de Messire Antoine du Faure seigneur de la Rivière, conseiller du Roi en ses Conseils et Président au Parlement de Grenoble; de Messire Pierre de Faure, conseiller du Roi en ses Conseils et procureur général audit Parlement, de noble Pierre de la Baume, conseiller audit Parlement; de noble Jean Rabot de Veissilieu, conseiller du Roi, avocat général audit Parlement de Grenoble, ses parents.

Mademoiselle Virginie de Rivoles était assistée : de dame Charlotte d'Arces, sa grand'mère, veuve de noble Charles de Salvaing, seigneur de

---

[1] Denis de Rivoles fit enregistrer ses armes à l'armorial du Dauphiné en 1695 : *d'azur au chevron d'or accompagné en chef de deux étoiles de même en pointe d'un croissant d'argent.*

[2] De Salvaing de Boissieu, *d'or à l'aigle à deux têtes éployées de sable, membré, becqué et diadèmé de gueules à la bordure d'azur semée de fleurs de lis d'or.* Cette bordure fut concédée à Pierre de Salvaing, par Philippe VI, dit de Valois, pour services rendus à ce prince et notamment pour avoir été un des auteurs du transport du Dauphiné en faveur des fils aînés de France.

Boissieu; de noble Alexis de Rivoles, son frère, et de Denis de Salvaing de Boissieu, chevalier, conseiller du Roi en son Conseil d'Etat et premier Président en sa Chambre des Comptes et Cour de Finance, de noble Aimar de Salvaing de Boissieu; de noble Pierre de Salvaing, seigneur d'Autrance, ses oncles; de noble Guillaume Sautereau, seigneur de la Chasse, conseiller au Parlement de Dauphiné; de noble François Ponnat, aussi conseiller audit Parlement; de dame de Villers-La-Faye, femme du Président de Boissieu; de noble Joachim de Morard d'Arce-la-Bayette et autres gentilshommes du Dauphiné [1].

Demoiselle Catherine de Salvaing de Boissieu, veuve de Claude-Romain de Rivoles, fit don de 1500 livres pour sa dot, de laquelle somme elle ajouta 1000 livres à prendre sur les héritiers de feu Pierre Gratet, seigneur du Bouchage, conseiller du roi en ses conseils et président à mortier au Parlement du Dauphiné, suivant l'obligation qui avait été passée devant du Fouet, notaire à Grenoble, le 7 avril 1639 [2].

Prosper de Maniquet, écuyer, seigneur du Fayet, capitaine au régiment de Richelieu, fut maintenu, en 1667, dans sa noblesse par l'Intendant de la Province du Dauphiné [3].

Prosper, légataire universel pour moitié par bénéfice d'inventaire de deffunte demoiselle Catherine de Maniquet, sa tante, veuve de Jacques Le Faure, écuyer, seigneur de Morsan, confessa avoir reçu, le 1er mai 1656, la somme de 120 livres pour un quartier échu le 31 mars 1656, à cause de 500 livres de rente faisant moitié de 1000 livres de rente constitué à Messire Joachim d'Hostel le 13 janvier 1644, à prendre sur les cinq grosses fermes de France.

Lesdits 500 livres de rente à lui advenues et échues par le partage fait entre lui et Jacques de Maniquet, écuyer, seigneur des Bergeries-en-Brie, légataire universel pour une moitié des biens de la succession de ladite deffunte [4].

Prosper, Virginie de Rivole et Alexis, leur fils, reconnurent devoir certaines sommes à Athenée de Salvaing [5].

Prosper, après avoir essuyé avec beaucoup d'honneur toutes les fatigues de la guerre durant vingt-deux campagnes, pendant lesquelles il eut l'honneur de commander une compagnie dans le régiment de France

---

[1] *Carrés d'Hozier*, vol. 408, titres *Maniquet*.

[2] *Carrés d'Hozier*, vol. 408.

[3] Prosper de Maniquet produisit, en 1667, devant Dugué, intendant du Dauphiné, ses titres de noblesse (A. de Gallier, *Notice sur Hector de Maniquet*).

[4] Bibliothèque Nationale, *Nouv. acq. fr.*, vol. 20.248, p. 40.

[5] *Archives de l'Isère*, II 1.061, p. 270.

sous la charge de M. le duc de Richelieu, se retira en sa maison du Fayet, paroisse de Barraux.

Il fit son testament le 13 août 1684, par lequel il voulut être enterré dans l'église paroissiale de Barraux : il légua à noble *Hector-Alexis, François, Louis, Georges, Balthazar, Hercule-Félicien* et *Denis* Maniquet la somme de 400 l^t à chacun. Il légua à demoiselles *Isabeau, Christine* et *Jeanne Maniquet*, ses filles, la somme de 1000 l^t à chacune, et il institua son héritière demoiselle Virginie de Rivoles, sa femme, à la condition de remettre ses biens à son héritier, noble *Hector-Alexis*, leur fils aîné, et il recommanda sa famille au seigneur de Rivoles, son beau-frère, conseiller au Parlement du Dauphiné [1].

Ses enfants furent :

1° HECTOR-ALEXIS DE MANIQUET DU FAYET, qui suit ;

2° FRANÇOIS, vivant en 1684 ;

3° LOUIS, vivant en 1684 ;

4° GEORGES, chantre et chancelier d'Embrun, vivant en 1684 ;

5° BALTHAZAR, vivant en 1684 ;

6° HERCULE-FÉLICIEN, dont l'article suivra après celui de son frère ;

7° DENIS, vivant en 1684, fut capitaine au régiment de Meuse ;

8° ISABEAU, vivant en 1684, morte sans alliance ;

9° CHRISTINE, vivant en 1684, s'allia à M. du Verdy, capitaine d'infanterie, d'où descend le général du Verdy du Vernoy ;

10° JEANNE s'allia à M. du Bois, brigadier en chef au fort Barraux [2], chevalier de Saint-Louis.

VII *degré*

Hector-Alexis de Maniquet du Fayet, fils aîné de Prosper et de demoiselle de Rivoles, fit enregistrer les armes des Maniquet, en 1698, au bureau de Grenoble. Il avait épousé, vers 1690, demoiselle *Louise-Charlotte* de Perrenot de Granvelle [3], fille de Claude-François Perrenot de

---

[1] *Carrés d'Hozier*, vol. 408.

[2] Les registres paroissiaux de Barraux remontent à 1600 et contiennent une grande quantité d'actes sur les Maniquet (*Note du secrétaire de la Mairie de Barraux*).

[3] Perrenot de Granvelle portait primitivement : *d'argent à trois bandes de sable* ; timbré : *couronne d'or surhaussée d'une hure de sanglier* de sable. Après l'achat du maréchalat de l'archevêché de Besançon aux d'Ornans, en 1547, elles devinrent : *d'argent à trois bandes de sable au chef de l'empire (d'or à l'aigle à deux têtes éployée de sable)*.

Nous possédons un *Mémoire* manuscrit concernant la Maison de Granvelle et un petit arbre généalogique qui nous paraît avoir été dressé par d'Hozier lui-même. Nicolas de Perrenot de Granvelle, fils d'un avocat d'Ornans, dans

Granvelle, lequel avait servi l'Espagne dans les guerres que cette Couronne soutint contre les Hollandais, et de demoiselle Anne de Mougenet.

Hector-Alexis de Maniquet, écuyer seigneur du Fayet, suivant l'exemple de ses pères, a aussi servi dans les armées, et, après avoir commandé long-temps une compagnie d'infanterie, fut capitaine de cavalerie au régiment de Bourbon, le 1ᵉʳ novembre 1704. Il fut tué en 1705 à Chivas, aux premières approches de Turin[1], laissant dans leur bas âge sept enfants qu'il avait eus de Charlotte-Louise Perrenot de Granvelle. Son esprit, sa probité et sa capacité lui avaient obtenn, peu avant sa mort, la charge de gouverneur de S. A. le comte du Charolais. Il ne put jouir de cet honneur, ayant été tué la veille de son départ pour venir prendre possession de cet important emploi qu'on avait accordé autant à son mérite qu'aux sollicitations de Mᵐᵉ la maréchale duchesse d'Harcourt, sa parente, puisque cette dame était fille du marquis de Genlis.

Cette mort enleva à sa famille les espérances de son établissement,

la Franche-Comté, mérita par ses talents et son érudition l'estime et la confiance de l'empereur Charles V, et les services signalés qu'il rendit à ce monarque l'élevèrent successivement à plusieurs beaux emplois et aussi à l'éminente dignité de Chancelier de l'Empire qu'il posséda jusqu'à sa mort avec l'amitié de son maître. Il se maria avec Dᶫᶫᵉ fille du gouverneur de Gray et eut de son mariage entre autres enfants : N. Perrenot, cardinal de la sainte Eglise romaine, principal ministre du roi d'Espagne Philippe II, roy de Naples, et aussi avant dans les bonnes grâces de ce prince que son père l'avait été dans celles de l'empereur Charles ; N. Perrenot de Granvelle, comte de Chalonnay, et une fille N... mariée au comte de Saint-Amour, qui apporta pour dot tous les grands biens du cardinal de Granvelle dans la Maison de la Baume-Saint-Amour avec partie de ceux du chancelier qui ne légua que cent mille écus d'or au comte de Chalonnay. — N. Perrenot de Granvelle, comte de Chalonnay eut deux femmes; il n'eut des enfants que de la deuxième qui s'appelait dona Isabelle de Suarès, espagnole d'origine. — Antoine Perrenot, fils du comte de Chalonnay et d'Isabelle Suarès, épousa N. du Tartre, maison des plus anciennes et des plus illustres de tout le Comté de Bourgogne, et eut de ce mariage un fils nommé Claude-François. Cet enfant fut mis sous la tutelle de la ville de Besançon et élevé par la marquise d'Oiselet, petite-fille de N. Perrenot, femme du comte de Saint-Amour, qui, regardant ce fils unique comme le précieux reste de sa famille, en prit un soin extraordinaire. — Claude-François Perrenot de Granvelle servit l'Espagne dans les guerres que cette couronne soutint contre les Hollandais. Après avoir servi avec toute l'ardeur et le zèle d'un brave courage, il se retira et se maria avec demoiselle Anne de Mougenet, fille de..., et eut entre autres enfants Isabelle Perrenot de Granvelle, mariée avec M. le comte de la Tour, ci-devant maître de camp d'un régiment de cavalerie, et Louise-Charlotte Perrenot de Granvelle, mariée à Hector-Alexis de Maniquet, seigneur du Fayet, un fils mort en bas âge et une fille morte âgée de vingt-cinq ans. (*Archives* du vicomte Olivier de Pompery.)

[1] *Etat de service* et *Mémoire* du cabinet Persigny.

Hector-Alexis de Maniquet, ayant consommé une partie de son bien au service de Sa Majesté, ainsi que celui de Louise Perrenot de Granvelle. Hector-Alexis laissa sept enfants :

1° GEORGES-HERCULE-LOUIS DE MANIQUET DU FAYET, lieutenant en second au régiment de Navarre-infanterie, le 20 mars 1719, devint chevalier de Saint-Louis, épousa demoiselle Marianne de Durand[1] de la Châtre, d'une maison dont l'ancienneté et l'origine sont sans époque. Alphonse de Durand donna son nom à la maison forte de Durand qu'il fit bâtir dans le Valentinois, en revenant de la Terre Sainte, sur le modèle d'une forteresse prise sur les Sarrazins, par Guigue André, son père. Cette forteresse avait été cédée à ce dernier en toute souveraineté par Godefroy de Bouillon en 1099. Pierre de Durand Ier du nom, petit-fils d'Alphonse, déclara en 1201 à Aimon III, comte de Valentinois, qu'il tenait en franc aleu naturel et noble sa maison-forte de Durand et les terres de Château-Double, Le Chaffat, Combeauvin, les Faucons, la Buissonnière, Gauffay, La Garde, Saint-Romain, La Chastre, etc[2].

Georges-Hercule-Louis de Maniquet et Marianne de Durand de la Châtre n'eurent point d'enfant. Il mourut en 1763. L'inventaire fait après son décès nous montre que la situation pécuniaire des Maniquet était bien déchue depuis Hector. Quelque temps après, le château du Fayet fut acquis par le marquis Planelli de la Valette, qui le revendit peu après à M. Champel. Il est présentement la propriété de M. Rivet ;

2° MARIE-THÉRÈSE DE MANIQUET épousa M. de Fréderne de Modane (ou de Maudanx), officier au régiment de Nivernais ;

3° CLAUDE-ALEXIS DE MANIQUET, chancelier d'Embrun ;

4° GABRIELLE, mariée à M. Grillou de Poilly, ingénieur ordinaire du Roi ;

5° ANNE-VIRGINIE, morte en 1715 ;

6° MARTHE-LOUISE ;

7° MADELEINE DE MANIQUET, religieuse aux Hayes en Dauphiné.

VIIbis *degré*

Hercule-Félicien de Maniquet de Pélafort naquit à Barraux, il était le cinquième enfant de Prosper et de demoiselle Virginie de Rivoles.

---

[1] On disait autrefois prouesse de Terrail, charité d'Arces, âme de Durand, sagesse de Guiffrey, loyauté de Salvaing, mine de Theys, etc. (*fr.* 32.209).

[2] Bibliothèque Nationale, *français* 32.209. Durand de la Châtre, armes : *parti de sable et d'or à un chevron de l'un en l'autre.*

Il épousa en premières noces demoiselle Anne Audeyer de la Tour de Montbel[1] d'une famille noble du Graisivaudan qui a donné au Parlement de Grenoble des présidents à mortier et un conseiller depuis 1550. Alexandre Audeyer le conseiller fut un éloquent orateur et on a de lui quelques remontrances au Roi Henri III.

Hercule-Félicien, après une dispute, tua, le 6 mai 1696, à la Perrière, près Grenoble, Gaspart Aymar Audeyer[2]. Il reçut à ce sujet du Roi des Lettres de Grâces[3].

Le 19 juillet 1696, il reçoit de sa cousine germaine Françoise de Cassard une somme de 2.000 livres[4].

Il donne, le 9 mars 1699, quittance de la somme de 5.000 livres à dame Claudine de Maniquet, sa tante, veuve de noble Isaïe de Cassard[5].

Anne Audeyer, épouse de Noble Hercule-Félicien de Maniquet, seigneur de Pelafort, institua, le 20 avril 1702, l'hôpital de la Providence de Grenoble pour son héritier[6].

Hercule-Félicien reçut sa commission de capitaine de cavalerie le 1er août 1702 et de capitaine d'infanterie au régiment de la Motte-Houdancourt, devenu Perthus, le 1er janvier 1703, fut nommé, le 13 mai 1713, aide-major du fort Saint-Sauveur de Lille[7].

Hercule-Félicien épousa en secondes noces, le 7 octobre 1721, par contrat passé pardevant Van Hindeven, notaire à Bruges, demoiselle Marie Van Reningue, native de la ville d'Ipres en Flandres.

Hercule-Félicien se retira du service le 11 février 1752, après avoir fait les campagnes de Flandre de 1703 à 1713.

Hercule-Félicien, capitaine-major de la citadelle de Saint-Sauveur-de-Lille, et son épouse Marie Van Reningue eurent :

1° MARIE-JOSÈPHE, baptisée à Lille, le 27 juin 1717, eut pour parrain : Henri-Joseph Maheu, licencié en droit, et pour marraine demoiselle Marie-Agnès de la Haie[8] ;

---

[1] Audeyer de la Beaume : *d'argent au chevron de gueules au chef d'azur chargé de trois étoiles d'or ;* Antoine Audeyer, fermier des terres du Duché de Valentinois eut un procès-verbal avec Louise de Brézé, 1568. Jean Audeyer, président au Parlement de Grenoble, 1622; Gariel, *Arch. de l'Isère*, B. 3, p. 105.

[2] *Lettre de M. l'abbé du Fayet à son frère Hercule-Félicien*, SL. in-4°, 20 p., Grenoble 1.697, n° 1.899 Bibliothèque de la ville de Grenoble.

[3] *Arch. de l'Isère*, B. 2 163.

[4] *Carrés d'Hozier*, vol. 408.

[5] Acte reçu par Claude Pillet, notaire à Montmélian (*Nouv. d'Hozier*, 222).

[6] *Arch. de l'Isère*, 293.

[7] *État de service* et *Carrés d'Hozier*.

[8] *Nouveau d'Hozier*, vol. 222, et *Registre de la paroisse de Saint-Sauveur*, de Lille.

Elle fut reçue, en 1727, au nombre des 250 demoiselles Nobles, élevées dans la Maison Royale de Saint-Louis à Saint-Cyr [1].

2° Jacques-Alexis de Maniquet qui suit.

VIII *degré*

Jacques-Alexis de Maniquet, né à Lille, le 26 octobre 1720, fut baptisé le même jour: son parrain fut Christophe Otten et sa marraine Marie-Marguerite de Mareleaux [2].

Jacques-Alexis fut capitaine dans les Dragons-d'Harcourt et partit avec ce grade à la Martinique.

Jacques-Alexis de Maniquet de Pélafort avait, en 1768, deux fils avec lui dans cette île [3].

Il voulut que ses fils fussent reçus à Saint-Cyr..En cette circonstance, il sollicita de la part de M. de Ramsault, brigadier des armées du Roy, directeur des fortifications de Sa Majesté à la négociation de Dunkerque, de vouloir bien écrire à M. d'Hozier, généalogiste de France, pour faire entrer ses fils à Saint-Cyr.

M. de Ramsault adressa plusieurs lettres au généalogiste du Roi, en lui disant que les Maniquet étaient alliés à la maison d'Harcourt et que le grand-père de MM. de Pélafort avait été aide-Major du fort qu'il commandait.

Jacques-Alexis reçut, en 1770, le certificat suivant :

« *Nous Denis d'Hozier, conseiller du Roy en ses Conseils, prési-*
« *dent en sa cour des Comptes aydes et finances de Normandie, juge*
« *de la Noblesse de France et...*

« *Certifions...*

« *qu'en conséquence des titres cy-dessus enoncés (les titres produits*
« *en 1727), lesquels ont été représentés en 1727 à feu M. Louis-*
« *Pierre d'Hozier, notre juge d'armes de France pour les preuves*
« *de la noblesse de demoiselle Marie-Josephe de Maniquet de Pela-*
« *fort, reçue dans maison royale de Saint-Louis de Saint-Cyr, ledit*
« *messire Jacques, frère de ladite demoiselle Marie-Josephe, Jacques-*
« *Alexis de Maniquet de Pélafort, ecuyer est en droit de jouir de*
« *tous les honneurs et privilèges, avantages et prérogatives réservés*
« *aux gentilshommes du Royaume. En foy de quoy nous avons signé*
« *les présentes, auxquels nous avons fait mettre l'empreinte du*
« *sceau de nos armes.*

« *A Paris, le 3 octobre 1770.*

Signé : « *d'Hozier* ».

---

[1] *Nouveau d'Hozier*, vol. 222.
[2] *Registre de la paroisse de Saint-Sauveur*, de Lille.
[3] *Nouveau d'Hozier*, vol. 222.

La descendance de Jacques-Alexis de Maniquet du Fayet de Pelafort se fixa à la Martinique. Alexis fut maintenu dans sa noblesse par le Conseil Souverain de cette île, le 2 mars 1773 [1].

Les Pelafort s'allièrent à la Martinique aux Hardy de Saint-Ouen.

L'*Annuaire de la Noblesse* de 1868, page 396, dit qu'il existait à la Martinique encore une Maniquet du Fayet, Mme Lepeyre.

BRANCHE DU FAYET ÉTABLIE EN BRIE

V *degré*

Philibert-Emmanuel de Maniquet, dernier enfant d'Hector et de Marie Roussin, fut tenu sur les fonts baptismaux par Catherine de Médicis et le duc Philibert de Savoie. Il était, en 1588, sous la tutelle de son frère Ludovic et, en 1598, sous celle de son frère Charles.

Philibert fut homme d'armes de la Compagnie de Lesdiguières, puis seigneur des Bergeries, paroisse de Chartrettes, près Melun [2].

Le 30 janvier 1602, Emmanuel de Maniquet, escuyer, seigneur des Bergeries, demeurant alors à Paris, reconnaît avoir reçu deux écus vingt sols.

Il obtint une sentence, le 12 juillet 1602, des lieutenants et élus pour les faits des aides de l'élection de Melun, le déchargeant *comme noble et issu de noble lignée* de la taille à laquelle les habitants de Chartrettes prétendaient le faire contribuer [3].

Emmanuel-Philibert étant alors écuyer du roi Louis XIII, épousa, en 1616, Claude de Graffart de Renevillette.

Philibert-Emmanuel, demeurant en son château des Bergeries [4], étant alors à Paris, confesse, le 9 juillet 1625, avoir eu et reçu la somme de douze livres dix sols pour un quartier échu le dernier septembre 1619, à cause de cinquante livres tournois de rente audit sieur de Maniquet appartenant, constitué à Messire Pierre de Hamel le 22 mai 1563 sur le Clergé, dont quittance faite et passée en l'étude des notaires [5].

---

[1] *Etat des nobles dont les titres sont enregistrés au Conseil souverain* (1675-1780).

[2] *Arch. de Seine-et-Marne*, E. 569. Titres Frémon d'Auneuil du Mazies.

[3] Acte vidimé par Lescuyer, notaire à Melun, avec la signature de Philibert-Emmanuel lui-même et de deux témoins.

[4] Le château des Bergeries est situé sur les bords de la Seine à 12 lieues de Paris (*Arch. de Seine-et-Marne*, titres Racault de Reuilly).

[5] *Bibliothèque nationale, cabinet des Titres.*

Emmanuel fit un pareil acte le 17 avril 1630.

Il donne quittance de douze livres dix sols le 20 juillet 1648 et le 2 novembre 1651 [1].

Philibert-Emmanuel et demoiselle **de Graffart de Reynevillette** eurent entre autres enfants :

1° LOUISE DE MANIQUET, baptisée à Chartrette, le 6 décembre 1621, jour de la fête de Saint-Nicolas, elle eut pour parrain, Messire Gaston de Grieux, chevalier, conseiller et maistre d'hostel ordinaire du Roy, seigneur de Vincelle et de Livry et pour marraine haute et puissante dame Louise de L'Hopital [2], marquise de Vitry, femme de Messire Henry de Vaudetar, chevalier et conseiller du Roi en ses conseils et conseils d'Etat et privé, baron de Persan, capitaine et gouverneur de Fontainebleau et maistre particulier des Eaux et forêts de la Foret de Bievre et bailliage de Melun, seigneur de Pouilly-le-Port [3] ;

2° JACQUES DE MANIQUET fut baptisé, le 29 juin 1623, à Chartrette ; son parrain fut Jacques le Faure, écuyer, fils de deffunt Jacques le Faure, écuyer, vivant seigneur de Morsang ; la marraine fut Catherine de Maniquet, veuve dudit seigneur de Morsan, sa tante [4].

Jacques de Maniquet, écuyer, fut seigneur des Bergeries en 1656, conseiller du roi, lieutenant des Eaux et forêts de Fontainebleau.

Jacques fut procureur de Prosper de Maniquet du Fayet, comme héritier bénéficiaire de Catherine de Maniquet, leur tante, et donne quittance d'une somme de 250 livres, le 28 janvier 1655 [5].

Le 12 septembre 1656, Jacques de Maniquet des Bergeries, lieutenant des Eaux et forêts au bailliage de Melun, fut légataire universel pour moitié par bénéfice d'inventaire de deffunte dame Catherine de Maniquet, dame de Morsan, sa tante. A cette date, il reconnut avoir reçu la somme de cent vingt-cinq livres pour un quartier échu le 31 mars 1656, à cause de cinq cents livres de rente faisant moitié de mille livres de rente constitué à M. Joachim d'Hostel, le 3 janvier 1644, à prendre sur les cinq grosses fermes

---

[1] *Bibliothèque nationale, cabinet des Titres.*

[2] Louise de L'Hopital était fille de Louis de L'Hopital, marquis de Vitry, entilhomme servant du duc d'Alençon en 1576 et gentilhomme de la Chambre en 1579, chevalier des Ordres (1597), gouverneur de Meaux et capitaine de Fontainebleau, et de demoiselle Françoise de Brichanteau.

[3] *Arch. de Seine-et-Marne*, G. 448, p. 10, Registre de baptême de la paroisse Chartrettes.

[4] *Arch. de Seine-et-Marne*, G. 448.

[5] *Bibliothèque nationale, cabinet des Titres.*

de France. Lesdits cinq cents livres de rente a lui advenu échu par
le partage fait entre lui et Prosper de Maniquet, écuyer seigneur
du Fayet, légataire universel pour l'autre moitié de la succession
de Catherine de Maniquet, veuve du seigneur de Morsan [1].

Jacques épousa Marie Potel. Cette dernière, étant veuve de lui
le 28 décembre 1658, a la garde-noble de ses enfants mineurs-
porte foi et hommage du fief des Bergeries au seigneur de Berceaux,
Sivry [2].

Un des enfants de Jacques fut *Philibert-Emmanuel II*, lequel
fut seigneur de Brolles à Bois-le-Roi ;

2° N... DE MANIQUET, mort sans postérité ;

3° FRANÇOISE DE MANIQUET, épousa, vers 1645, Claude de Bénard, écuyer
seigneur de Ligny-le-Ribault, fils de Philippe de Benard, écuyer
seigneur d'Arville et de Ligny et de demoiselle Gabrielle de la
Ferté-Meun. Petit-fils de Charles de Benard, écuyer, seigneur
d'Arville et de demoiselle Claude de Cléry, dame de Ligny-le-
Ribault et arrière-petit-fils de Claude de Benard, écuyer, seigneur
de Chambon, l'un des cent gentilshommes de la Maison du Roi,
et d'Andrée de Poilloue [3].

Françoise de Maniquet apporta en dot à son mari la seigneurie
des Bergeries, sise à Chartrette. Claude de Benard, époux de
demoiselle de Maniquet, avait fait, le 26 février 1638, un partage
des biens paternels et maternels, avec son frère Gabriel, lequel
avait épousé, le 26 février 1638, Louise d'Estampes [4].

---

[1] et [2] *Bibliothèque nationale, cabinet des Titres.*

[3] *Carrés d'Hozier*, vol. 82 ; *Nouveau d'Hozier*, vol. 36.

[4] Du mariage de Françoise de Maniquet et de Claude de Benard est né
Claude de Benard des Bergeries, baptisé à Bouzonville-au-Bois en 1646, fut
enseigne lieutenant, puis capitaine dans le régiment de la Fère, blessé à Candie
en 1669 ; à cette expédition furent aussi blessés des gentilshommes du nom
de Chavigny, de Creil, Le Sueur, de Castellan, de Couvrelles, de Gomer, de
Galiffet, de Kermel, de Pascal et de Villelongue (*Annuaire du Conseil Héraldique*, année 1899). Claude de Benard fut blessé au combat de Senef en 1674.
Il quitta le service en 1689, il avait épousé, par contrat du 16 juin 1680, demoiselle Geneviève Berthier, fille de François Berthier, procureur à Nemours et
de Marie de Barrage. Il eut de son mariage dix enfants dont il n'en restait que
deux en 1699. Leur fille, Françoise-Geneviève, née en 1684, épousa en 1719, à
Chartrettes, Louis de Breuve, seigneur de Montbart. Quant à leur fils Claude III
né en 1688, il devint seigneur des Bergeries, Bressolles, Sermaise et Bois-le-
Roi en partie. Il épousa Marie de Romanet, de laquelle il eut Louise-Marguerite-
Geneviève de Benard des Bergeries, laquelle épousa à Chartrettes le
12 décembre 1741, Messire Georges Roch de Racault, chevalier, seigneur de
Reuilly, Breteau et autres lieux, demeurant en la ville de Sens, fils de deffunt
Roch de Raçault, chevalier, seigneur de Reuilly et de dame Jeanne Berthier.

BRANCHE ÉTABLIE EN LYONNAIS ET EN FOREZ[1]

III *degré*

Discret Maître **Barthélemy, II**e du nom **Maniquet,** était le fils cadet de Claude Maniquet et de demoiselle Marguerite de Savoye. Il était né à la Buissière, en Dauphiné, comme son frère Arthaud. Il fut attiré par son oncle, Barthélemy Ier Maniquet, à Rive-de-Gier, et lui succéda dans sa charge de notaire ; il épousa Claudine Gallo, avec laquelle il vivait encore audit Rive-de-Gier en 1549. Claudine Gallo, étant veuve, vint habiter Saint-Chamond avec son fils Etienne qui suit.

IV *degré*

Honorable homme **Étienne Maniquet,** bourgeois de Saint-Chamond, figure parmi les principaux habitants de ladite ville dans la transaction du 18 octobre 1547 passée avec leur seigneur Christophe de Saint-Chamond, baron dudit lieu. Etienne Maniquet eut de son alliance avec Catherine Arnoulde :

1° Jean, qui suit ;
2° Etienne, marié le 20 août 1570 à Anne Terrasson, contrat reçu Chastaignon.

V *degré*

Honorable homme **Jean Maniquet,** bourgeois de Saint-Chamond, marié à Jeanne Mazenod[2] d'où sont issus :

1° Zacharie qui suit ;
2° Messire Etienne Maniquet, prêtre curé de l'église de Saint-Ennemond à Saint-Chamond et archiprêtre du Jarez, cité comme frère de Zacharie Maniquet dans un acte du 1er septembre 1630, reçu Bompain, notaire à Saint-Chamond ;

Louise-Marguerite-Geneviève de Benard des Bergeries apporta en dot le château dudit nom, plus la seigneurie des Bergeries, ainsi que deux maisons sises à Paris et une à Melun. De cette union naquit, le 17 avril 1743, au château des Bergeries, Roch-Odet de Racault *(Carrés d'Hozier,* vol. 533, et *État civil de Chartrettes).*

[1] Extrait d'un *manuscrit* de M. W. Poidebard ; Maniquet, famille d'Italie dont une branche en Forez porte : *d'azur à trois demi vols d'argent (Pièces orig.,* vol. 1.828, pièce 48).

[2] Mazenod, famille anoblie au xviie siècle par une charge d'échevinage à Lyon. La famille de Mazenod a pour armes : *d'azur à trois molettes d'or, au chef de même chargé de trois bandes de gueules* (Bibl. Nation., *Pièces orig.,* vol. 1906 ; *Carrés d'Hozier,* 424 ; *Nouv. d'Hozier,* 231).

3° Honorable Jean Maniquet, établi à Saint-Julien-Molin-Molette[1] où il épousa Marie Paret[2] dont il eut :

   a) *Marie* Maniquet, alliée par contrat reçu Ravachol, notaire à Saint-Chamond, du 7 juin 1633 à honorable Guillaume Chollet[3], fils d'Antoine et de Claude Chorel. Nicolas Mazenod, grand oncle de l'époux, lui fit une donation dans son contrat de mariage. Marie Maniquet épousa en secondes noces, 6 juillet 1642, honorable Claude Chavannes, fils de Claude ;

   b) *Alexandre* Maniquet, baptisé à Saint-Julien-Molin-Molette, le 25 février 1618 ;

4° Jeanne Maniquet, mariée à honorable Etienne Paradis[4]. Dans son testament du 20 octobre, reçu Bompain, notaire à Saint-Chamond, étant malade de la maladie contagieuse, elle élit sa sépulture au lieu où il plaira à MM. de la Santé et fait ses héritiers ses fils en leur substituant Zacharie et Nicolas Maniquet ses frères ;

5° Balthazar Maniquet s'établit à Saüxilanges[5], en Auvergne, et épousa Anne Bardy avec laquelle il vivait encore le 12 mai 1671, époque où il vendit une maison située à Saint-Chamond, au sieur Pierre Gayot[6] ;

6° Honorable Gabriel Maniquet, marié à Catherine Rossary. Ils firent leur testament mutuel le 20 septembre 1628, devant Maître Bompain « estant malades du mal contagieux régnant à présent audit Saint-Chamond, ledit testament leu et releu audits testateurs au devant de leur maison, eulx estant à la fenestre dans icelle à la veu dudit notaire et des témoins ».

Gabriel survécut à la contagion et reçut, le 21 septembre 1629, une donation de Jeanne Chastaignon, fille de feu Maître Jean Chastaignon, notaire royal dudit Saint-Chamond, en considération des bons et agréables services qu'elle en reçut pendant le temps contagieux qui a régné en cette ville ; Gabrielle et demoiselle Rossary eurent plusieurs enfants, entre autres *Marguerite*, baptisée

---

[1] Saint-Julien-Molin-Molette, arrondissement de Saint-Etienne (Loire).

[2] Paret en Lyonnais : *d'azur à la face d'or accomp. de trois étoiles d'argent.*

[3] Cholet en Forez : *d'argent au criquier ou Cholet de sable à cinq branches et une bordure de même* (Rietstap).

[4] Paradis en Lyonnais anobli en 1619 : *d'argent à trois oiseaux de paradis de sable* (Rietstap), ou *d'azur au monde cintré de gueules au chef d'argent chargé de trois oiseaux de paradis essorés d'or (Armorial du Lyonnais, année 1860).*

[5] Sauxillanges, arrondissement d'Issoire (Puy-de-Dôme).

[6] La famille Gayot de la Buissière, comte de Chateauvieux, est originaire de Saint-Chamond, elle s'est divisée en deux branches dès le xvi° siècle *(Armorial du Lyonnais et du Forez, année 1860).*

à Saint-Paul le 1er octobre 1624 et *Zacharie* Maniquet, baptisé le 28 février 1627 ;

7° Honorable NICOLAS MANIQUET, marié le 19 janvier 1612, par contrat reçu Ravachol, notaire à Saint-Chamond, à Jeanne Dujast [1], fille de honorable Pierre Dujast, bourgeois de Saint-Chamond, en présence de Gabriel et Balthazar Maniquet, ses frères.

Honorable Nicolas Maniquet testa devant maître Valous, notaire royal, à Saint-Chamond, le 6 février 1649, et laissa les enfants qui suivent :

a) *Jeanne*, mariée par contrat reçu Ravachol, le 2 août 1632, à honorable Claude André, bourgeois de Saint-Chamond ;

b) *Claudine* Maniquet, alliée par contrat du 3 janvier 1635, reçu Ravachol, à honorable Jean Guillermin, bourgeois de Saint-Chamond [2] ;

c) *Jean* Maniquet, né à Saint-Chamond le 6 février 1621 ;

d) *Balthasar*, baptisé à Saint-Chamond le 21 février 1626, fut héritier de son père ;

e) *Jean-Baptiste* Maniquet, baptisé à Saint-Chamond le 10 mai 1630.

VI *degré*

Honorable **Zacharie Maniquet**, bourgeois de Saint-Chamond, épousa par contrat reçu Ravachol le 7 février 1610 Catherine Gorgeron, fille de maître Pierre Gorgeron [3], greffier de la juridiction du Thoil [4] et de la Valla [5]. Etant veuve le 2 août 1639, elle loue à honorable Gaspard Collin, son beau-fils, une maison haute, moyenne et basse, située à Saint-Chamond, et mourut le 13 janvier 1641.

---

[1] Dujast d'Ambérieu (Bugey), *coupé au 1er et échiqueté d'or et d'azur au 2e, de gueules plein* (Riestap, *Armorial général d'Europe* et *Armorial du Lyonnais*, 1860).

[2] Guillermin de l'Artuse, en Lyonnais, porte : *d'azur au lion d'or tenant une épée flamboyante d'argent* (*Armorial du Lyonnais*, année 1860 ; et Abbé Pernetti, *les Lyonnais dignes de Mémoire*, année 1759, t. II, p. 31).

[3] Une pièce originale qui se trouve à la Bibliothèque Nationale et qui est signée de Pierre de Masso, sénéchal de Lyon, nous apprend qu'un Balthazar Gorgeron fut, en 1690, conseiller du Roi et receveur des décimes du diocèse de Vienne ; une autre pièce prise à la même source nous donne Me Etienne Gorgeron, greffier en la sénéchaussée de Lyon, lequel eut de Marie Hourlier, son épouse, plusieurs enfants, Jean, André, Madeleine et Marie-Marthe Gorgeron, lesquels donnent, en 1721, à Messire Jean Chappoton, prêtre-secrétaire de l'église Saint-Georges de Lyon, une somme de 911 livres. (Bibl. Nation., *Pièces orig.*, vol. 1360.)

[4] Thoil, château actuellement en ruines, commune de la Valla.

[5] La Valla, à 20 kilomètres de Saint-Etienne, canton de Saint-Chamond.

Zacharie Maniquet tenait la ferme des biens temporels de MM. les Religieux de Saint-Antoine du Viennois et eut pour enfants :

   1° ETIENNE, dont l'article suit ;

   2° NICOLAS MANIQUET, bourgeois de Valfleury[1], allié à Jeanne Siccard[2], dont il eut :

      a) Marthe, mariée à Jacques Gacon[3] ;

      b) Marie Maniquet ;

   3° FLORY MANIQUET, bourgeois de Saint-Chamond, épousa par contrat du 12 avril 1655 reçu Me Peyssonneaux, notaire à Saint-Etienne, à Anne Coignet, veuve de Jacques Limosin[4] ;

   4° MARIE MANIQUET, née en 1631 ;

   5° JEANNE, mariée à honorable Gaspard Collin ;

   6° CATHERINE MANIQUET, à Louis Martin, bourgeois de Saint-Chamond ;

   7° FRANÇOISE MANIQUET, mariée au sieur Boyron[5] ;

   8° LOUIS MANIQUET, né posthume le 25 février 1635.

VII *degré*

Honorable **Etienne Maniquet**, bourgeois de Saint-Chamond, épousa le 23 avril 1641, à Saint-Paul-en-Jarez, Alexandrine de Lafond[6], fille de Arthaud de Lafond et de dame Françoise Gaultier[7], dont les descendants

---

[1] Valfleury, commune à 18 kilomètres de Saint-Etienne (Loire).

[2] Un Ant. Sicart, élu à Lyon, fut anobli en 1702.

[3] Gacon-en-Lyonnais : *d'azur au bélier saillant d'argent à la bordure comparée d'argent et d'azur*, famille qui a produit un échevin en 1714 *(Arm.,* 1860) ; Pernetti, dans son livre des *Lyonnais dignes de mémoire*, cite plusieurs personnalités de ce nom, entre autres François Gacon, connu sous le nom de l'abbé Gacon, né à Lyon (1667), mort dans son prieuré de Baillon (1725).

[4] Limosin-en-Lyonnais porte *d'azur au chevron d'argent au chef d'or chargé de trois treffles de sinople (Arm.,* 1860).

[5] Boiron-en-Lyonnais : *d'azur à une balance d'argent*, un Boyron, clerc au Présidial de Lyon, 1664. Boyron, bourgeois de Montbrison dès le XIVe siècle *(Arm. gén. Lyon*, A. Brun, 1860, gr. in-8); un Jean Boyron, né à Annonay, habitant Lyon, fut l'auteur de quelques ouvrages mentionnés dans la Bibl. f. de du Verdier.

[6] Alexandrine de Lafond fut baptisée le 20 mai 1618 à Saint-Paul-en-Jarrez.

[7] Cette famille avait pour auteur discret, Me Guillaume Gaultier, clerc notaire, juré de la Cour de Lyon, issu de Jean Gaultier, vivant (1399), elle a contracté les alliances suivantes : Servier, de Flachat, Perdrichon, de Madières, de la Ronze, de Trye, Joannon, Fleurdelys, Guillet de Saint-Denys, Montciller. Claude Gaultier de Rivet de Senas, député de la Loire, fut le dernier de ce vieux nom du Jarez. Les armes étaient : *d'azur à la face de gueules accompagné en chef de deux étoiles d'argent en pointe d'une poire tigée et feuillée d'or* (William Poidebard).

devinrent au siècle suivant seigneurs de la Barolière et de Civris, baron de Juys et marquis de Margnolas en Bresse [1].

Alexandrine de Lafond mourut le 2 janvier 1674 et fut inhumée dans l'église de Saint-Paul, au tombeau de sa famille. Cette alliance fixa Etienne Maniquet à Saint-Paul où ses descendants continuèrent jusqu'à nos jours à faire leur principale résidence. De son alliance avec demoiselle de Lafond, Etienne Maniquet eut dix enfants :

1° Noble Augustin Maniquet, dont l'article suit ;

2° Arthaud Maniquet, baptisé le 12 avril 1642 ;

3° Jeanne Maniquet, baptisée le 5 mai 1645, épousa Grégoire Tixier d'Ostille, fils d'Antoine Tixier, bourgeois de Saint-Paul [2], et d'Alexandrine Guinet [3].

Grégoire Tixier d'Ostille était petit-fils de noble Philippe Tixier, châtelain de Châteauneuf et de Dargoire, syndic et député par les notables du plat pays de Lyonnais en 1614, et de demoiselle Jeanne de Trelon [4]. Il était arrière-petit-fils de Jean Tixier, seigneur de Dargoire en 1603 [5].

Du mariage de Jeanne Maniquet et Grégoire d'Ostille sont issus :

a) *Pierre-Nicolas* Tixier d'Ostille, lequel épousa à Saint-Paul, le 26 janvier 1717, Marguerite de Montaland [6], fille de Louis, capitaine châtelain dudit lieu et de Marguerite Pelletier, d'où

---

[1] Sur la famille de Lafond, voyez : William Poidebard, *Livre de Famille*, Lyon, Paul Mougin, année 1897. Les armes d'Alexandrine de Lafond, étaient : *d'azur au puits d'argent*.

[2] Antoine Tixier d'Ostille avait épousé, à Saint-Paul-en-Jarez, le 27 novembre 1635, Alexandrine Quinet.

[3] Quinet, à Lyon, porte : *au chevron accompagné de deux étoiles et d'un cœur soutenu d'un croissant ;* Quinet à Lyon, au xviie siècle, tombe de 1666 qui existait aux Jacobins.

[4] De Trelon : *d'azur semé de trèfles d'or* (Guichenon, *Histoire des Dombes*). Jeanne de Trelon était fille de noble Claude, seigneur de Mogneneins, conseiller au Parlement de Dombes, et de Lucrèce de Clapisson ; Jeanne de Trelon avait épousé par contrat reçu Tecton, notaire en Dombes, le 16 février 1605, Philippe Tixier, châtelain de Dargoire.

[5] Cette famille a pour auteur Antoine Tixier, citoyen de Lyon, lequel épousa Jeanne Terrasson, fille de Jean Châtelain de Châtelus et de Jeanne de Grollée (28 décembre 1555) (William Poidebard). Armes: *d'azur au griffon d'or*.

[6] Les Montaland possédaient, au xvie siècle, le petit fief de Tapinieu avec des rentes nobles, dans la paroisse de Saint-Genis-Terrenoire. Louis, châtelain de Saint-Paul, marié le 4 novembre 1685 à Marguerite Pelletier était fils de Pierre et de Benigne Chalon et petit-fils de Jean de Montaland, châtelain de Saint-Genis et d'Antoinette Valoux. Cette dernière, inhumée le 26 janvier 1670, dans l'église dudit Saint-Genis, chapelle Sainte-Catherine, était fille de Gabriel Valoux, prévôt royal de Fay, tige de la famille de ce nom encore existante.

Marie-Antoinette, mariée à Antoine Barrier[1], notaire royal à Saint-Paul ; d'où Marguerite Barrier mariée le 4 mai 1773 à Joseph Poidebard, châtelain de la Bastie, maire de Saint-Paul en 1789 ;

b) *Alexandrine* Tixier d'Ostille, qui testa devant M⁰ Vachon, notaire à Saint-Chamond, le dernier août 1694 ;

4° FRANÇOISE MANIQUET, baptisée le 19 février 1648, mariée le 15 octobre 1669 à Pierre Jalabert, bourgeois de Saint-Paul-en-Jarez, son parent au quatrième degré ;

5° ETIENNE MANIQUET[2], baptisé à Saint-Paul le 16 janvier 1650, prêtre. Célèbre religieux minime, trois fois provincial de l'ordre, savant distingué et brillant orateur. Ses talents étaient de plusieurs sortes. On a de lui une oraison funèbre de Louis XIV et une du premier Dauphin.

Etienne Maniquet, dont l'érudition était si connue dans Grenoble et dans le Dauphiné assista au Concile d'Embrun comme l'un des docteurs de Mgr l'archevêque de Tensin[3]. Il rendit aussi un jugement contre M. de Senez. Il est mort le 20 octobre 1728.

Etienne Maniquet a laissé un ouvrage manuscrit sur le Concile de Trente ; on conserve des vers de lui à la bibliothèque de l'Arsenal[4] ;

6° FRANÇOISE MANIQUET, baptisée le 10 mai 1652 ;

7° MARIE MANIQUET, baptisée le 28 novembre 1653, épousa Jean Palerne, bourgeois de Saint-Chamond, fils d'Antoine et de Jeanne Buffy, d'où entre autres enfants :

a) Dom *Gabriel* Palerne, religieux bénédictin de la Congrégation de Saint-Maur, prieur de Savigneux, collabora au grand ouvrage de la *Gallia Christiana* ;

b) Dom *Nicolas* Palerne, religieux bénédictin, collabora aussi à la *Gallia Christiana*[5] ;

---

[1] Barrier : *d'azur au cœur fleuri de trois roses de gueules, au chef d'argent chargé de trois étoiles d'azur.* Les Barrier occupaient, dès le xv⁰ siècle, des offices de judicature dans le Lyonnais (W. Poidebard, *Livre de Famille*).

[2] *Biographie des Lyonnais dignes de mémoire.*

[3] *Mémoire sur le Concile d'Embrun* où l'on fait voir la justice du jugement rendu contre M. de Senez par le révérend père Maniquet, provincial des Minimes (Grenoble, Pierre Faure, 1728, n⁰ 1588).

[4] *Archives de l'Arsenal*, n⁰ 3.329, vers du père Maniquet, 28⁰, fol. 36.

[5] Les *Dossiers Bleus* de la Bibliothèque Nationale nous donnent une généalogie très détaillée de la famille Palerne. Elle commence à noble Jean Palerne, dit petit Jean de Jarrets dit Palerne, bâtard de la maison de Jarrest-en-Forêt, lequel fonda une prébende sous le vocable de Sainte-Croix, au grand autel de l'église de Saint-Julien-en-Jarrets, près Saint-Chamond, au diocèse de Lyon vers 1400 ; d'où Mathieu Palerne, d'où noble Antoine de Palerne, lieutenant

c) Joseph-Marie, épousa à Rive-de-Gier, le 17 mai 1710, demoiselle Marie-Thérèse Craponne ;

8° GILIBERT MANIQUET, baptisé le 20 novembre 1657.

Le 9 juin 1685, sur le point de se faire religieux, fit une donation, reçu Dugas, à son neveu Gilibert Palerne ;

9° NICOLAS MANIQUET, baptisé le 15 novembre 1657, marié le 18 juillet 1673 à demoiselle Rose Palerne, avec laquelle il fit un testament mutuel devant M⁰ Dugas le 17 juillet 1685.

10° GRÉGOIRE MANIQUET, baptisé à Saint-Paul, comme ses frères et sœurs, le 5 décembre 1662.

Grégoire Maniquet possédait plusieurs maisons à Doizieux et un fort beau domaine. Les terres de Grégoire étaient voisines de celles des familles Olagnier, Ravachol, Degraix, Bredoux, Granjon, Monteillet, Bonnard et celles du marquis de Saint-Chamond et de MM. de Saint-Lazare, de Lyon. Il possédait aussi sur les paroisses de Saint-Martin-en-Couelleux et de Saint-Julien-en-Jarez des maisons et des terres, lesquelles étaient environnantes de celles des Pères Minimes et des Messieurs de Saint-Lazare. Tous les biens de Grégoire furent acquis en 1736 par Pierre Maniquet, écuyer [1].

VIII *degré*

Noble **Augustin Maniquet**, officier en l'hôtel de la Monnaie, à Lyon, né à Saint-Paul-en-Jarez, le 5 mai 1651, y mourut le 14 mai 1737, âgé de 86 ans. Il fut pourvu, le 8 mars 1720, de la charge de Conseiller-secrétaire du Roi, Maison couronne de France et de ses Finances, en la généralité de Lyon, charge acquise de noble Jacques de Millières.

Augustin *anoblit* ainsi sa descendance en mourant dans la charge dont il avait été pourvu. Il avait épousé en premières noces demoiselle Claudine Tixier d'Ostille, fille d'Antoine Tixier d'Ostille, bourgeois de Saint-Paul-en-Jarez et de dame Alexandrine Quinet. Claudine Tixier d'Ostille, mourut le 5 décembre 1712, âgée de 61 ans et fut inhumée dans l'église de Saint-Paul au tombeau de ses prédécesseurs.

de la compagnie d'hommes d'armes du comte de Montpensier, le 22 janvier 1495. Cette famille s'allia à Saint-Chamond aux familles Mestrat, Desgallier, Grangeon, Noyer, Sibert, Descouleur, Terrasson, Caze, de Coquerel, Gimel, Chastaignon, Buffy, Perret, Gayot, d'Augery, Michel, etc. Laurent Palerne, lieutenant au présidial de Lyon, portait : *d'or, à un paon mouvant d'azur et un chef aussi d'azur chargé de trois étoiles d'argent.* (Bibl. Nation., *Pièces orig.*, vol. 2.185 ; *Dossiers Bleus*, vol. 508 ; *Carrés d'Hozier*, vol. 479 ; W. Poidebard, *Livre de Famille.*)

[1] Vers 1660 est née une Jeanne Maniquet, laquelle épousa Humbert Piarron de Chamousset, né à Lyon, qui, d'abord maître tireur d'or de la Ville de Lyon,

Augustin Maniquet épousa en secondes noces à Lyon (Saint-Vincent), le 13 février 1725, Denise Dusoullier, veuve de J. Tricaud [1].

En 1736, Augustin Maniquet, écuyer, secrétaire du Roi, Maison et Couronne de France et de ses Finances, fut héritier de droit de Grégoire Maniquet, propriétaire à Doizieux. A cette époque, Augustin habitait à Lyon, rue du faubourg Serin [2].

Du mariage d'Augustin Maniquet et de demoiselle Tixier, sont issus :

1° ETIENNE MANIQUET, écuyer, né en 1673, dont l'article suit :

2° ANTOINE MANIQUET, écuyer, baptisé le 2 avril 1674 ;

3° FRANÇOISE MANIQUET, baptisée à Saint-Paul, le 15 septembre 1675, mourut le 20 mars 1730. Elle avait épousé à Saint-Paul, le 15 février 1695, Jean Allouès, fils de noble Laurent Allouès. avocat au Parlement et de dame Jeanne Virieux ;

4° JOSEPH-NICOLAS MANIQUET, écuyer, né le dernier mars 1677, prêtre, sociétaire de l'église de Saint-Paul ;

5° NICOLAS MANIQUET, écuyer, baptisé le 31 mars 1677 (jumeau du précédent) forma une branche à part dont il sera question plus loin :

6° PIERRE MANIQUET, écuyer, baptisé à Saint-Paul, le 27 novembre 1678, forma une branche à part ;

7° ROSE MANIQUET, baptisée le 14 novembre 1681 ;

8° PHILIPPE MANIQUET, écuyer, baptisé le 28 avril 1683 ;

9° GILIBERT MANIQUET, écuyer, bourgeois de la ville de Lyon, épousa le 23 novembre 1720, demoiselle Jeanne Chana [3], fille de Jean et de dame Benoîte Cognet [4] ;

10° GRÉGOIRE MANIQUET, écuyer, baptisé le 14 septembre 1686, fut gendarme de la garde du Roi en 1709.

fut pourvu, le 5 novembre 1697 de la charge de conseiller-secrétaire du Roi, Maison, Couronne de France, puis Maître des Comptes à Paris en 1706. Il était fils de Claude Piarron de Chamousset, Conseiller de Dombes. Jeanne Maniquet est morte le 30 octobre 1714 *(Pièces originales, 2260 : Nouv. d'Hozier, 265 ; Dossiers bleus, 521 ; Carrés d'Hozier, 492 ; Français, 32587-32145-32138-9)*.

[1] De Tricaud en Lyonnais : *D'azur au chevron d'argent accompagné de deux étoiles et un croissant de même. Chargé de trois bandes d'azur.*

[2] Jugement rendu à Lyon le 23 août 1736, par Barthélemy-Jean-Claude Pupil, chevalier seigneur de Mions et autres places, conseiller du Roy en ses Conseils. Premier président en la Cour des Monnaies, Sénéchaussée et Siège présidial de Lyon et lieutenant-général en ladite Sénéchaussée.

Nous trouvons, en outre, mention d'Augustin Maniquet comme secrétaire du Roi en 1705, en la Cour des Monnaies de Lyon, dont le premier président était M. Pierre de Sèves de Flachères dans Lambert d'Herbigny, *Mémoire sur le Gouvernement de Lyon* (voir la *Revue* de 1902).

[3] Chana (Lyonnais) : *D'argent au chevron de sinople accompagné de trois roses de gueules au chef d'azur chargé de trois étoiles d'or (Armorial général du Lyonnais, Forez et Beaujolais,* Lyon, 1860).

[4] Cognet en Forez : *De gueules au sautoir d'or* (Rietstap).

Grégoire s'adressa en 1726 au Tribunal des Maréchaux de France pour une somme qu'il avait prêtée au sieur Aubry d'Armanville, ci-devant maître d'hôtel du Roi.

Jacques Frizon, doyen des gardes de la Connétablie, gendarmerie et maréchaussée de France, des camps et armées du Roi, fut chargé le 5 janvier 1727, par les Maréchaux de France, de signifier au sieur Aubry d'Armanville, demeurant à Paris, en son domicile, rue du Petit-Lyon-Saint-Denis, la requête du sieur de Maniquet. Le sieur Aubry ne voulut point reconnaître la dette en question. Nous ne savons pas si cette affaire eut des suites.

Grégoire se plaignit encore aux Maréchaux de France pour une somme prêtée à un sieur de Volue, écuyer, qui demeurait à Paris, rue des Fossés-Saint-Germain-l'Auxerois, en l'hôtel du Cheval Blanc. De Volue avoua sa dette, mais ne voulut la payer que lorsque le sieur André de Mongeron l'aurait à son tour payée. Cette affaire se termina le 6 janvier 1727. A cette époque, Grégoire Maniquet, écuyer, gendarme de la garde du Roi, vivait à Paris avec son neveu, de Créancé[1] ;

11° Etienne Maniquet, écuyer, baptisé le 5 février 1688 ;

12° Marie-Françoise Maniquet, baptisée le 1er novembre 1689. Epousa à Saint-Paul, le 26 novembre 1709, Pierre de La Font, fils de Bernard de La Font, bourgeois de Lyon et de dame Marie Font ;

13° Nicole Maniquet, baptisée le 27 février 1693, épousa le 6 février 1722, Claude-Antoine Chorel, fils de Maître Claude, notaire royal dudit Saint-Paul et de demoiselle Rose Hervier [2] ;

14° Pierre-Augustin Maniquet, écuyer, baptisé le 15 juin 1694, forma une branche à part ;

15° Antoinette Maniquet, baptisée à Saint-Paul (comme tous ses frères et sœurs), le 26 janvier 1696, épousa le 20 novembre 1724 Antoine Chorel, fils de maître Claude Chorel, notaire royal, et de demoiselle Rose Hervier, dont : Pierre Chorel, baptisé à Saint-Paul, le 29 avril 1729, qui eut pour parrain Pierre Maniquet, écuyer, son oncle.

---

[1] *Archives* du vicomte Olivier de Pompery.

[2] Hervier : *D'azur au lion léopardé d'argent, langué de gueules et tenant à sa gueule un lys d'or, l'écu timbré d'un casque taré de profil, orné de ses lambrequins.* Cette famille descend de Discret, maître Estienne Hervier, lieutenant de la terre et juridiction de Saint-Paul-en-Jaret, en 1550, fils d'Antoine et d'Henriette Girard. Louis XVIII accorda à Jean-Pierre Hervier de Romans des Lettres de noblesse le 1er février 1817, Lettres enregistrées au greffe de la Cour de Lyon (William Poidebard).

IX *degré*

Messire **Etienne Maniquet**, écuyer, baptisé à Saint-Paul le 7 janvier 1673, épousa en premières noces demoiselle Madeleine Bonnard, fille de Simon Bonnard, bourgeois de Saint-Chamond, et de demoiselle Louise Dugas [1] et sœur de Jeanne Bonnard, laquelle avait épousé, le 20 novembre 1723, à Rive-de-Gier, Louis Poidebard [2], fils de Jacques Poidebard, d'abord médecin à Saint-Galmier puis à Saint-Etienne, et de demoiselle Marguerite Dumeyne [3].

Madeleine Bonnard est décédée de mort subite le 7 octobre 1731.

Etienne Maniquet épousa, en deuxièmes noces, le 7 janvier 1733, Jeanne Degraix [4], et, en troisièmes noces, demoiselle Marie-Claudine Granges [5].

Il fit son testament en 1762 [6] ; ses enfants furent :

Du premier lit :

   1° JEAN MANIQUET, baptisé le 3 août 1718 ;

   2° GILIBERT MANIQUET, écuyer, baptisé le 4 septembre 1719 ;

---

[1] Louise Dugas était née à Saint-Chamond, le 28 mai 1671, elle était fille d'Antoine Dugas, notaire royal et procureur d'office de la ville de Saint-Chamond, et de Catherine Rigaud. Antoine Dugas était fils de Jean, seigneur engagiste de la terre de Chaignon, et frère de Charles Dugas, écuyer, tige de la branche de la Catonnière. De cet Antoine sont issus les barons du Villard et les Dugas de Chassagny, de Montbel et de la Boissonny. Les Dugas connus depuis le quatorzième siècle en Lyonnais, avaient d'abord porté le nom de du Coignet. Armes : *Coupé de gueules à deux épées en sautoir d'or et d'azur, au coignassier aussi d'or* (W. Poidebard).

[2] Louis Poidebard, beau-frère d'Etienne Maniquet, fut attiré à Saint-Paul par la famille de sa mère et s'établit au château de la Bastie où ses descendants résident encore. Il fonda sur les rives du Dorlays, pour l'industrie de la soie, une de ces manufactures à l'italienne qui, protégées par un arrêt de Colbert du 1er septembre 1670, procurèrent la fortune et la noblesse à tant de familles de la région, parmi lesquelles on peut citer les Palerne de Chaintré, les de Lafond, les Dareste et les Dujast d'Ambérieu.

La famille Poidebard a pour auteur Jean Poidebard, médecin à Saint-Galmier, mort le 26 mars 1694 (W. Poidebard, *Livre de Famille*).

[3] Les Dumeyne portaient : *d'azur à la croix d'argent, au chef de gueules chargé d'un croissant entre deux étoiles d'or* (armoiries sculptées à Saint-Paul avec la date de 1670).

[4] Degraix ou Degray en Lyonnais porte : *d'argent à un lion de sable accompagné de deux bouterones du même sur une terrasse de sinople au chef d'azur chargé d'un soleil d'or.* Cette famille a produit J.-M. Degraix, échevin en 1789, Eg. F. 89 *(Armorial du Lyonnais,* 1860).

[5] Granges en Lyonnais : *d'azur à la bande d'argent accompagné en chef de trois étoiles d'argent et en pointe d'une hure de sanglier (Arm.,* 1860).

[6] Acte sur parchemin, *Archives* de Charles Maniquet, demeurant, 6, rue Chambon, à Saint-Etienne (Loire).

3° Joseph-Nicolas Maniquet, écuyer, baptisé le 28 septembre 1720, dont l'article suit ;

4° Etienne, baptisé le 3 mars 1724 ;

5° Marie-Françoise Maniquet, baptisée le 26 novembre 1726 ;

6° Simon Maniquet, écuyer, baptisé le 12 juin 1727. Il était muet ;

7° Claude-Antoine-Louis-Laurent Maniquet, écuyer, baptisé le 1er novembre 1728, épousa, le 16 mai 1752, demoiselle Jeanne-Césarine Morandin [1], fille de Pierre-Augustin Morandin, bourgeois de Saint-Etienne, et de Jeanne Bongrand, dont il eut :

    a) *Jeanne* Maniquet, baptisée le 16 août 1753, décédée le 14 octobre 1785, avait épousé le 7 juillet 1775 Christophe Granges, fils de François Granges et demoiselle Marie-Claudine Colomb ;

    b) *Claudine* et *Jeanne-Louise* Maniquet, jumelles, baptisées le 27 février 1754. Jeanne-Louise Maniquet épousa, à Rive-de-Gier, Etienne Barrier, commissaire en droits seigneuriaux ;

    c) *François* Maniquet, décédé le 2 septembre 1785, âgé de vingt-deux ans ;

    d) *Nicolas* Maniquet, écuyer, baptisé le 12 septembre 1756, mort le 26 avril 1760 ;

    e) *Pierre-Augustin* Maniquet, baptisé le 10 avril 1760, marié le 20 ventôse an IX, à demoiselle Marie de la Roche ;

    f) *Marguerite-Joséphe* Maniquet, baptisée le 23 janvier 1771 ;

8° Catherine Maniquet, baptisée le 23 décembre 1729 ;

9° Pierre Maniquet, écuyer, baptisé le 1er novembre 1730 ;

10° Nicole Maniquet, baptisée le 25 septembre 1731.

    Du deuxième lit :

11° Claude Maniquet, écuyer, baptisé le 1er juin 1734, mort le 10 février 1738 ;

12° Jérôme Maniquet, écuyer, baptisé le 19 mai 1735, marié à Jeanne-Marie Chorel, dont :

    a) *Alexandre* Maniquet ;

    b) *Claude* Maniquet ;

    c) *Fernand* Maniquet ;

    d) *Gabrielle* ;

    e) Et *Antoinette* Maniquet ;

13° Jeanne-Marie Maniquet, baptisée le 7 février 1737 ;

14° Antoinette Maniquet, baptisée le 23 avril 1738.

---

[1] Morandin en Lyonnais : *d'argent au chevron d'azur accompagné en pointe d'une tête de More* (Riestap, *Arm. gén. d'Europe*).

X *degré*

Joseph-Nicolas Maniquet, écuyer[1], baptisé le 28 décembre 1720, marié à Pélussin[2], le 5 août 1755, à demoiselle Marguerite Barjon, fille de feu Louis Barjon, bourgeois de Varagnes, paroisse d'Annonay[3], et dame Catherine Bonnard, dont :

    1° ETIENNE MANIQUET, écuyer, baptisé le 28 juin 1756, eut pour parrain Etienne Maniquet, écuyer, son aïeul ;

    2° JÉRÔME, baptisé le 6 novembre 1757, qui suit ;

    3° AMBROISE-AUGUSTIN, baptisé le 19 janvier 1760 ;

    4° JEANNE-MARIE, épousa le 17 mai 1791, J.-P. Durif, fabricant d'étoffes de soie.

XI *degré*

Jérôme Maniquet, bourgeois de Saint-Paul, né le 6 novembre 1757, marié a Saint-Chamond, le 22 avril 1782, à demoiselle Catherine Maniquet, fille de Joseph et de demoiselle Catherine Hervier.

Jérôme est mort le 6 septembre 1829, âgé de soixante-douze ans, laissant plusieurs enfants :

    1° MARIE-ANNE MANIQUET, baptisée le 13 septembre 1782 ;

    2° ELISABETH MANIQUET, baptisée le 30 août 1788 ;

    3° ANTOINE-MARIE, dont l'article suit ;

    4° CLAUDE-FRÉDÉRIC, baptisé le 16 mars 1787, mort le 17 mars 1788 ;

    5° MADELEINE-LOUISE-ALINE, baptisée le 10 février 1791 ;

    6° MARIE-MADELEINE-ADÈLE-PAULINE ;

    7° FRÉDÉRIC, né vers 1795, un des riches propriétaires de Saint-Paul, y mourut en 1894, laissant sa fortune à des petits-neveux, les Charousset et les Garnier ;

    8° ANTOINE-FRÉDÉRIC MANIQUET, né le 9 mars 1811.

XIII *degré*

Antoine-Marie Maniquet, né le 15, baptisé le 16 avril 1785, lequel eut pour parrain Antoine Mas, son oncle par alliance, et pour marraine demoiselle Marie-Anne Maniquet sa tante, femme dudit Mas, épousa, par contrat du 21 décembre 1807, Joséphine Salavin. Joséphine Salavin est morte le 14 novembre 1860 et Antoine en 1874, laissant plusieurs enfants :

    1° ANTOINE épousa demoiselle Laurentine Alexandre, d'où *Louis* Mani-

---

[1] Joseph Maniquet était fabricant de soieries.

[2] Pélussin (Loire).

[3] Ardèche.

quet, né en 1849, épousa, en 1877, demoiselle Camille Grangé. Il est mort en 1884, laissant :

a) Antoine Maniquet, né en 1879, fut élève des Beaux-Arts de Lyon, mort en juillet 1904 ;

b) Charles Maniquet, né en 1881, demeurant, en 1906, à Saint-Etienne ;

c) Jeanne, née en 1884.

Mme Louis Maniquet, née Camille Grangé, demeure à Saint-Etienne ;

2° Louis-Joseph, épousa demoiselle Alexandre. Ils demeuraient à Monplaisir, près Lyon ;

3° Marius Maniquet, peintre paysagiste, vivant à Lyon encore en 1895 ;

4° Auguste Maniquet[1], né vers 1810, fut ingénieur, obtint différents brevets pour plusieurs inventions utiles à la fabrication de la soierie. Il était en outre peintre. Il fut élève de Saint-Jean et ami du peintre Henri Regnault, mort en 1870, à Buzenval.

Auguste Maniquet avait épousé, vers 1839, demoiselle Faustine Porteiller ; de cette union naquit à Lyon, en 1840, *Jeanne-Marie-Caroline* Maniquet, laquelle épousa, à Paris, *Charles-Joseph-Olivier* de Pompery, lequel était né, en 1838, au château de Salsogne, commune de Ciry (Aisne)[2], fils d'*Antoine-Nicolas*, vicomte de Pompery, châtelain de Salsogne et de Vilblin, maire de Ciry-Salsogne (Aisne), et de demoiselle Suzanne Cambier de Buhat. Charles de Pompery est le petit-fils de messire *François-Hyacinthe* de Pompery de Salsogne, vicomte de Couvrelles, chevalier de Saint-Louis, de Saint-Lazare et du Mont-Carmel.

Madame de Pompery, née Maniquet, demeure à Paris, 52, rue de Chabrol[3];

---

[1] Auguste Maniquet est mort chez sa sœur, Mme Vial, à la Péronnière, commune de Grand-Croix, en décembre 1879, il est enterré à Saint-Paul dans la sépulture de ses ancêtres.

[2] Charles-Joseph-Olivier de Pompery eut pour parrain le marquis Charles de Villette et pour marraine la baronne de Waha-Duras, chanoinesse d'Andenne, épouse du lieutenant-colonel Jodon de Villeroché. Charles de Pompery fut successivement propriétaire à Indianne-Lorette (Canada) et commandant de la ville de Bourrail (Nouvelle-Calédonie, Océanie).

[3] Du mariage Maniquet-Pompery sont nés deux enfants : 1° Olivier-Louis-Marie de Pompery, né à Nancy, le 19 août 1865, baptisé à Nevers en 1879, auteur de ce travail ; 2° Alexandre-Philippe de Pompery, né à Rennes en 1866, baptisé à Nevers en 1879.

La famille de Pompery porte : *de gueules à trois coquilles d'argent deux et un*. Les armes de cette antique maison sont au Palais de Versailles, à cause de

5° Paul Maniquet, eut une fille nommée Lucile Maniquet mariée à M. Célestin Charousset, ingénieur, Directeur des Mines de la Perronnière, commune de Grand-Croix (Loire)[1];

6° Joseph Maniquet ;

7° Frédéric-Jules Maniquet, né à Lyon, vers 1812, y est décédé rue Coustou, n° 6, le 27 septembre 1834, âgé de 22 ans ;

8° Charles Maniquet ;

9° Marie Maniquet, née à Lyon le 1ᵉʳ octobre 1819, épousa, le 13 mai 1853 à Saint-Paul-en-Jarret, Jean-Michel Vial, ingénieur, fils de Claude-Philibert et de Marie-Laurence-Antoinette Pellegrin.

M. Vial fut, en 1840, garde-mines à Rive-de-Gier, puis, en 1853, ingénieur divisionnaire de la section des Flaches-Maniquet, commune de Rive-de-Gier (Cⁱᵉ des Mines de la Loire) ; enfin lors du fractionnement de la Compagnie en 1854, directeur des mines de la Perronnière à Grand-Croix (Loire)[2].

Marie Maniquet, épouse de M. Vial, obtint en 1857 du cardinal de Bonald l'érection de la paroisse de Grand-Croix. L'érection de la paroisse de Grand-Croix entraînait l'établissement de la commune. La commune fut accordée au mois d'août 1860. En 1871 M. Vial fut nommé maire de Grand-Croix (Loire).

M. Vial, directeur des Mines de la Perronnière, se retira le 24 novembre 1884, dans sa propriété de Vernaison (Rhône). Madame Vial, née Maniquet y mourut en 1891, et lui, le 19 septembre 1895[3].

BRANCHE DE NICOLAS MANIQUET

IX *degré*

Nicolas Maniquet est le fils de noble Augustin Maniquet, écuyer, et de demoiselle Tixier d'Ostille. Il fut baptisé à Saint-Paul-en-Jarez, le

Thibault de Pompery, écuyer, croisé en 1248. Les Pompery ont été maintenus dans leur noblesse par l'Intendant Dorieux, de la province du Soissonnais (1666) et par l'Intendant Larcher pour la province de Champagne (1698).

[1] Du mariage Maniquet-Charousset sont nés : 1° Paul Charousset; 2° Marie-Louise ; 3° Henry Charousset.

[2] *Notice sur J.-M. Vial*, chez Paul Girod, à Lyon.

[3] Du mariage Maniquet-Vial, sont nés trois filles et un fils : 1° Antoinette Vial, mariée à M. Levêque, ingénieur, directeur des Forges du Pouzin (Ardèche), chevalier de la Légion d'honneur, d'où plusieurs enfants; 2° Laurentine Vial, mariée en 1881 à M. Burel, ingénieur à Lyon, d'où plusieurs enfants; 3° Caroline Vial, célibataire, demeurant à Vernaison (Rhône);

3 mars 1677. Il s'établit vers 1710 à Paris où il fit une grande fortune dans la Compagnie des Indes. De demoiselle Jeanne Charlet[1] qu'il avait épousée à Lyon, paroisse Saint-Nizier, le 25 mai 1700, il laissa :

10 AUGUSTIN MANIQUET, chevalier;

2° GRÉGOIRE MANIQUET, écuyer, demeurant à Paris en la rue Beauregard, acheta en 1720 les fiefs, seigneurie et baronnie de Saint-Pierre-du-Mont[2] et autres seigneuries près de Clamecy au diocèse d'Auxère à haut et puissant seigneur Pierre de Joumart[3] marquis d'Argence, seigneur de Saint-Pierre-du-Haut, lieutenant du Roi de la Province de Bourgogne et de haute et puissante dame Marie de Comeau de Créancé. Cet achat fut payé par Messire Grégoire Maniquet, écuyer, la somme de 460.000 livres tournois dont 310.000 livres tournois furent payées comptant. L'acte de vente fut reçu par Péan et Gevre, notaires au Châtelet de Paris[4] ;

3° JACQUELINE-MARIE MANIQUET, épousa le 28 février 1720, par contrat reçu par Maître Chèvre notaire à Paris, Messire Nicolas de Comeau chevalier, comte de Créancé, seigneur de Beaune, capitaine au régiment de Dauphiné, fils de Pierre de Comeau, Lieutenant Criminel au bailliage de Dijon, gouverneur de la ville de Nuits, membre de l'Assemblée des Etats de Bourgogne, seigneur de Créancé. Penthère, etc., Lieutenant du Roi en Bourgogne (1692) etc., et de demoiselle Aubert de La Ferrière[5] et petit-fils d'Antoine de Comeau seigneur de Créancé, d'abord enseigne au château de Dijon, puis maître d'hôtel du roi et gentilhomme de sa chambre.

Nicolas de Comeau comte de Créancé devint, en 1721, lieutenant du Roi en Bourgogne, gouverneur de la ville de Nuits,

---

4° Jean-Marie-Michel Vial, ancien élève de l'école Polytechnique, actuellement (1906) capitaine au 2° régiment d'artillerie, à Grenoble.

[1] Charlet, bourgeois de Lyon du xviie siècle qui avait donné son nom à la rue Port-Charlet. On voyait, dans la rue Ferrandière, avant le percement de la rue Centrale, leur maison avec leurs armes : elles ne portaient pas un char antique, mais une charrette : un *char laid*. L'*Armorial du Lyonnais* de 1860 donne pour armes : *d'azur au char à l'antique d'argent, au chef d'or.*

[2] Saint-Pierre-du-Mont, duché de Nevers. Cette seigneurie était possédée, en 1635, par les Achard *(Dictionnaire des Fiefs).*

[3] Joumart, marquis d'Argence-Bourgogne. *Ecartelé au un et quatre d'azur à trois besans d'or* (Joumart); *au 2° et 3° d'or à deux lions léopardés de gueules, accompagné en chef d'un lambel de même* (Tison d'Argence).

[4] *Carrés d'Hozier*, vol. 408. Titres Maniquet, relevant du duché de Nevers et *Chérin*, vol. 57 (Généalogie de la famille Comeau de Créancé).

[5] Aubert de la Ferrière en Bourgogne : *d'or à trois têtes de chien braque coupées de sable* (Rietstap).

commandant au régiment de Médoc, chevalier de Saint-Louis, Lieutenant du Roi à Bourges.

Nicolas de Comeau et son épouse vivaient encore le 22 décembre 1765[1].

BRANCHE DE PIERRE MANIQUET

IX *degré*

Pierre Maniquet, écuyer, fils d'Augustin et de demoiselle Tixier d'Ostille, né à Saint-Paul, le 27 novembre 1678, y mourut le 28 janvier 1751. Il avait épousé Catherine Copin, décédée à Saint-Paul, le 4 novembre 1781, à l'âge de 86 ans.

Pierre Maniquet, écuyer, possédait, dans la paroisse de Doizieux, le Sollier et le Mas, dont il rendit hommage, le 5 mai 1735, au seigneur de Saint-Chamond. Ces terres furent acquises, plus tard, par noble Claude Bethenot.

Noble Pierre Maniquet acquit, le 3 septembre 1736, tous les biens de Grégoire Maniquet, lesquels biens consistaient en plusieurs maisons, terres et bois, situés à Doizieux, à Saint-Martin-en-Couailleux, à Lhorme, à Saint-Julien-en-Jarret et dans d'autres paroisses (actes passés à Lyon)[2].

Du Mariage de Pierre Maniquet et de demoiselle Copin naquit :

X *degré*

Messire **François Maniquet**, chevalier, né à Saint-Paul-en-Jarret, le 14 septembre 1728.

Il y fit construire une très belle demeure où il résida jusqu'à sa mort. Il avait épousé, le 4 mars 1755, Josèphe-Marguerite Vauberet-Jacquier, fille de feu J.-J. Vauberet-Jacquier, négociant, et d'Elisabeth Fillaud[3].

---

[1] Du mariage Maniquet-Comeau est né Joseph-Nicolas de Comeau, officier de Dragons au régiment d'Egmont, lequel épousa le 19 août 1753 par contrat reçu Monthelié, notaire à Beaune, Marie Pelletier de Clairy, fille de Messire Jacques Pelletier, écuyer, seigneur de Clary et de demoiselle Marie de Fromageot. Il était assisté de Jacqueline Maniquet, sa mère, et de Nicolas de Comeau, son père. Joseph-Nicolas de Comeau fut reçu aux Etats de Bourgogne le 25 novembre 1760, fut capitaine au régiment de Marbœuf et chevalier de Saint-Louis. Ce dernier laissa pour fils Henry-Nicolas de Comeau, né et baptisé le 22 décembre 1765. A son baptême, se trouvaient Nicolas de Comeau, comte de Créancé son grand-père, et Jacqueline-Marie Maniquet, sa grand'mère. De ces Comeau descendent les Vergnettes de Lamotte, alliés de nos jours à Lyon, aux Tricaud et aux Gatelier (*Chérin*, vol. 57).

[2] Actes sur parchemin de 25 pages, v[te] O. de Pompéry, *Archives*.

[3] Vauberet ou Vaubret en lyonnais porte : *d'or au chevron d'azur accompa-*

François Maniquet prit part, le 14 mars 1789, à l'Assemblée des Etats Généraux du Lyonnais dans les rangs de la noblesse de cette province[1].

Du mariage Maniquet-Vauberet sont nés :

1º JACQUES DE MANIQUET, né le 18 juin 1756;

2º JACQUES-FRANÇOIS, né le 22 mai 1758;

3º MARIE-ANTOINETTE, mariée le 4 septembre 1781 avec Louis Mégret-Collet, négociant à Hauteville, diocèse de Genève[2].

ANTOINE MANIQUET, né à Lyon, qui suit.

XI *degré*

Antoine Maniquet-Vauberet, chevalier, né en 1764, épousa, à Saint-Chamond, le 11 janvier 1790, Marie-Anne-Gasparde-Catherine Sève, fille de Louis-Michel Sève et de dame Catherine Terrasson.

Antoine Maniquet-Vauberet obtint confirmation de sa noblesse, le 4 juillet 1818, et le 5 mai 1830[3].

Il est décédé à Lyon, le 3 février 1833, âgé de soixante-neuf ans, place des Célestins, nº 6.

Du mariage Maniquet-Sève sont issus :

1º EMILE DE MANIQUET ;

2º ALPHONSE DE MANIQUET qui suit.

XII *degré*

François-Louis-Alphonse Maniquet-Vauberet, né le 20 juin 1802, décédé le 25 avril 1869, épousa Marie-Laurence Frachon, morte le 5 mai 1892, à 74 ans, fille de Vincent et de Jeanne-Angélique Dugas.

Du mariage Maniquet-Frachon sont issus :

1º MARIE MANIQUET, née en 1841, épousa (probablement à Rive-de-Gier) CLAUDE-LAURENT-VICTOR MAURICE † 14 juillet 1885, à 60 ans, ingénieur des mines[4];

---

gné de trois trèfles de sinople, au chef de gueules chargé de trois épées d'argent garnies d'or posées en pal. Famille anoblie au xviiie siècle par une charge d'échevinage.

[1] *Catalogue des Gentilshommes du Lyonnais en 1789.*

[2] Cette famille existe encore sous le nom de Collet-Megret, propriétaire à la Burbanche, près de Rossillon, en Bugey, non loin d'Hauteville.

[3] Bachelin Deflorenne, *Etat présent de la Noblesse de France*; Borel d'Hauterive, *Annuaire de la Noblesse*, années 1863 et 1868.

[4] Du mariage Marie Maniquet et de Claude Maurice : 1º Laurence; 2º Marie; 3º Claude, ingénieur des mines; 4º Bénédicte † 21 décembre 1882; 5º Elisabeth † 1875.

2° ANNE MANIQUET, née vers 1844, épousa, en 1861, François Durieu, ancien notaire à Lentilly (Rhône)[1] ;

3° JEANNE-MARIE-ELISABETH MANIQUET, née vers 1852, épousa, en premières noces Camille-Adrien Merle, mort le 7 avril 1879, à 36 ans ; épousa, en deuxièmes noces, le 31 août 1881, Remy Cartier, inspecteur des contributions directes dans le département de la Loire.

Jeanne Maniquet est morte, le 12 mai 1882, âgée de 31 ans, Monsieur Remy Cartier est décédé vers 1901.

Jeanne Maniquet n'eut pas d'enfants.

BRANCHE DE PIERRE-AUGUSTIN MANIQUET

IX *degré*

Noble **Pierre-Augustin Maniquet**, écuyer, fils de noble Augustin Maniquet, écuyer, secrétaire du Roi, Maison, Couronne de France et de ses finances et de demoiselle Tixier d'Ostille, né le 5 juin 1694, épousa Marguerite Ollaignier, dont il eut :

1° AMBROISE-AUGUSTIN qui suit ;

2° JEAN-PIERRE MANIQUET, écuyer ;

3° JOSEPH MANIQUET épousa, le 16 janvier 1759, Catherine Hervier, née le 19 août 1735, fille d'Antoine et de Marie-Anne Coste[2], petite-fille de Jérome Hervier, bourgeois de Saint-Chamond. Elle appartenait à la branche des Hervier, anoblie par Louis XVIII, pour récompenser des services rendus à la cause royale. Elle portait les armoiries de la branche aînée, avec une bordure de gueules. (Lettres enregistrées au greffe de la Cour de Lyon.)

Du mariage de Joseph Maniquet et de Catherine Hervier naquit Catherine Maniquet, laquelle épousa, à Saint-Chamond, le 22 avril 1782, Jérôme Maniquet, bourgeois de Saint-Paul, fils de Joseph-Nicolas Maniquet, écuyer, et de demoiselle Marguerite Barjon.

X *degré*

Ambroise-Augustin Maniquet, écuyer, épousa, le 22 mai 1753,

---

[1] Du mariage Anne Maniquet et de François Durieu : 1° Alphonse-Louis † 29 mai 1878 ; 2° Jeanne † 17 septembre 1877.

[2] Marie-Anne Coste était fille de Jacques-Louis et de Catherine de Lagreval, épousa, le 21 septembre 1734, Jérôme Hervier. Les armes de Marie-Anne Coste étaient : *d'azur au chevron d'argent accompagné de trois étoiles de même* (William Poidebard, *Livre de Famille).*

demoiselle Marie-Anne Dufieu, fille de Louis Dufieu, bourgeois de Saint-Chamond, châtelain de la Grange-Merlin et de demoiselle Targe :

1° BENOITE MANIQUET, baptisée le 28 octobre 1755, épousa, le 8 avril 1777, Ennemond Jalabert, bourgeois de Saint-Paul ;

2° LOUISE MANIQUET, baptisée le 26 mai 1757, a épousé, le 2 février 1784. maître J.-B. Dubost, notaire royal à Longes ;

3° AMBROISE-AUGUSTIN MANIQUET, baptisé le 12 juillet 1758, épousa Claudine Grange, d'où : Hélène-Benoîte Maniquet, née à Saint-Paul, le 4 fructidor an XIII, laquelle épousa Charles-Marie Granjon[1] ;

4° JOSEPH-NICOLAS, baptisé le 21 juin 1760 ;

5° LOUIS, baptisé le 10 mars 1761 ;

6° JEAN-BAPTISTE MANIQUET, écuyer ;

7° MARIE-ANNE MANIQUET ;

8° JEAN-ANTOINE, baptisé le 15 avril 1765, épousa le 30 floréal an VII, Charlotte Germain, fille de Fleury Germain, négociant à Lyon. et de Louise Rivoire.

Il était négociant à Lyon et demeurait en cette ville grande rue Mercière, n° 2. Il est mort à Lyon le 6 mai 1840. Du mariage Maniquet-Germain naquit, en 1800, Marie Antoinette Maniquet. laquelle mourut à Lyon, âgée de soixante ans et huit mois, le 2 novembre 1860, rue Saint-Marcel, n° 10, chez sa mère ;

9° PIERRE, né à à Saint-Paul-en-Jarret, le 16 février 1776, qui suit :

---

[1] Du mariage Maniquet-Granjon sont nés deux enfants : 1° Marie-Ambroisine, née en 1824, mariée, en premières noces, à Charles-Camille Granjon. d'où : a Christophe Granjon, mort célibataire le 24 mars 1872 ; b Adèle Granjon, mariée, en 1868, à M. Adrien Boudinhon, ingénieur des mines, et décédée sans postérité en 1881. Marie-Ambroisine Granjon épousa, en secondes noces, M. Joseph de Maniquet, d'où : c Laure-Henriette de Maniquet, née en 1856. mariée à M. Jean-Henri Lagrange: d Théodore-Constant-Joseph-Hector de Maniquet. décédé célibataire ; e César-Louis-Charles de Maniquet, décédé célibataire ; 2° Joseph-Marie dit Marius Granjon, né à Saint-Chamond, le 29 octobre 1827, marié, le 29 février 1848, à demoiselle Marie-Noémie Giraud, et décédé à Lyon, le 6 mars 1892 De ce mariage sont nés quatre fils : a Marie-Augustin-Paul-Ambroise, né le 8 novembre 1853, marié, le 10 août 1882, à demoiselle Jeanne-Françoise-Marguerite Fougasse, et décédé (lieutenant d'infanterie démissionnaire), le 5 janvier 1901, laissant trois filles : Noémie, Valérie et Paule, qui habitent actuellement (1906) avec leur mère (Mme ve Ambroise Granjon), le château de Grange-Merlin, à Saint-Paul-en-Jarret ; b Alphonse-Marie, né en 1857, décédé à Lyon, lieutenant au 4e cuirassiers, célibataire, le 1er juillet 1885 ; c Jean-Marie-Augustin Granjon, né à Saint-Paul-en-Jarret, le 23 janvier 1859, célibataire, demeurant à Lyon (1906) ; d Marie-Joseph-Paul Granjon, né à Saint-Paul-en-Jarret, le 4 juin 1863. décédé célibataire, à Lyon, le 28 février 1898.

10° Jean-Pierre Maniquet, écuyer, baptisé le 7 novembre 1767 ;

11° Nicole, baptisée le 14 juin 1770, épousa le 30 germinal an IX, *Jean-André* Rome ;

12° Claudine, baptisée le 28 janvier 1771, épousa le 9 brumaire an XI. J.-B. Morel ;

13° Camille Maniquet, baptisé le 22 septembre 1772. Il demeurait à Lyon au moment de la Révolution. Le Tribunal révolutionnaire l'envoya à l'échafaud avec ses parents, Auguste Chorel, Claude Degrais et Louis de Lafont, qui étaient comme lui natifs de Saint-Paul[1] ;

14° Marie-Anne-Julie, baptisée le 11 janvier 1777, morte le 11 juillet 1779 ;

15° Louise-Agathe, baptisée à Saint-Paul, comme tous ses frères et sœurs, épousa, le 5 nivôse an XI, Louis Couchoux, demeurant à Lyon[2].

XI *degré*

Pierre Maniquet, écuyer, est né le 16 février 1766, à Saint-Paul-en-Jarret, fut baptisé le même jour ; son parrain fut Augustin Maniquet. son aïeul paternel, sa marraine Benoîte Targe, femme de Louis Dufieu. son aïeule maternelle.

Epousa sa cousine Antoinette-Lucrèce Maniquet.

Il est décédé à Lyon, le 12 juillet 1834, rue de la Vieille, nᵒ 9[3]. Antoinette-Lucrèce Maniquet est décédée le 30 novembre 1856 et est inhumée au cimetière de Fontaines-Saint-Martin (Rhône), dans le caveau de famille où se trouve l'inscription suivante : « Ici repose Antoinette-Lucrèce *de* Maniquet, née *de* Maniquet. décédée le 30 novembre 1856, à l'âge de soixante-quatorze ans. »

Pierre Maniquet et **Lucrèce Maniquet**, eurent :

1° Agathe-Camille Maniquet, née vers 1803, à Saint-Julien-Molin-Molette (Loire), épousa, en 1836, André Bernard. Agathe Maniquet est morte à Lyon sans postérité, le 30 juin 1881, âgée de soixante-dix-sept ans. Elle est inhumée à Fontaines-Saint-Martin (Rhône) ;

---

[1] *Liste des victimes du département de la Loire* (ancien Forez), exécutées à mort d'après les condamnations révolutionnaires de 1793-1794, publiée par d'Assier de Valenches.

[2] Un Jean-Marie Couchoux, notaire à Riverie, un Michel Maniquet et un François Poidebard furent exécutés à Lyon, en 1793 (d'Assier de Valenches. *Recherches sur le Forez*).

[3] Parmi les déclarants de ce décès, figure : « Etienne Maniquet, âgé de quarante-quatre ans, fabricant d'étoffes à Vaise, Grande-Rue, nᵒ 72. »

2° Joseph Maniquet, né à Tarare (Rhône), en 1811, qui suit ;

3° Antoinette-Lucrèce Maniquet, née en 1813, mariée en 1838, à Lucien Bouveret, décédée à Meyzieu (Isère), le 27 avril 1884, et inhumée à Fontaines-Saint-Martin. Elle laissait un fils : Etienne-Antoine dit Emile Bouveret, décédé sans postérité et inhumé au même lieu, en 1895 ;

4° Pierrette Maniquet, née à Tarare (Rhône), le 19 juin 1815, demeurant en la compagnie de sa mère, à Lyon, grande rue Sainte-Catherine, n° 16, épousa, le 7 novembre 1837, Charles-Louis Radot, né à Arpajon (Seine-et-Oise), le 11 août 1810, rentier, demeurant à Paris, quai des Vieux-Augustins, n° 59.

XII *degré*

Joseph Maniquet, né à Tarare (Rhône), en 1811.

Il épousa en premières noces, en 1845, Marie-Elyse Granjon, veuve de Perrin, laquelle décéda à Saint-Chamond, en 1849.

Il épousa en secondes noces, en 1855, Marie-Ambroisine Granjon, sa belle-sœur, veuve de Charles-Camille Granjon, fille de Charles Granjon et de demoiselle Maniquet, qui était cousine-germaine de Joseph Maniquet. C'était la sœur de Marius Granjon, propriétaire du château de Grange-Merlin, à Saint-Paul-en-Jarret.

Celle-ci décéda, le 1er mars 1858, à Lyon [1], quai Monsieur, n° 3, et fut inhumée à Fontaines-Saint-Martin (Rhône).

Joseph *de* Maniquet est décédé à Fontaines-Saint-Martin où il est inhumé. Voici la mention portée sur le caveau de famille : « Joseph *de* Maniquet, décédé le 21 août 1874, à l'âge de soixante-trois ans ».

Joseph Maniquet eut plusieurs enfants.

Du premier lit :

1° Marie-Antoinette Maniquet, née à Lyon le 1er février 1846, mariée à Lyon, en 1866, à M. Jean-René-Thomas Letord (notaire en cette ville), originaire de Plancoët (Bretagne), décédé à Lyon en exercice, et ancien Président de la Chambre des notaires de cette ville, le 16 mars 1900, à l'âge de soixante-six ans (inhumé au tombeau des Maniquet, à Fontaines-Saint-Martin). Mme Letord demeure à Lyon [2].

---

[1] Parmi les déclarants de ce décès, figure : « Joseph-Louis Maniquet, propriétaire à Montplaisir, cousin de Joseph Maniquet ».

[2] Les enfants Letord-Maniquet sont : 1° Eugène Letord, né à Lyon en 1867, capitaine d'infanterie, chevalier de la Légion d'honneur ; 2° Pauline Letord, née à Lyon le 10 juin 1869, mariée, le 7 novembre 1896, à M. Jean-Gustave-Marie Grobot, ancien élève de l'Ecole Polytechnique, ingénieur aux Aciéries de la Marine ; 3° Joseph Letord, né à Lyon le 12 avril 1871, notaire à Lyon.

2° Marie-André Maniquet, né à Saint-Chamond (Loire), le 12 juillet 1847, qui suit.

Du deuxième lit :

3° Laure-Henriette de Maniquet, née à Lyon, le 19 janvier 1856, mariée, le 27 mai 1876, à M. Jean-Henry Lagrange, fils du premier Président Lagrange, commandeur de la Légion d'honneur[1], et de Madame, née Baudrier[2], d'une ancienne famille de magistrats lyonnais.

M. Jean-Henry Lagrange est actuellement (1906) membre du Conseil général du Rhône et ancien président de cette Assemblée.

La grand'mère de M. Jean-Henry Lagrange était une demoiselle Perrache, qui était petite-cousine du célèbre ingénieur, auteur des digues qui ont refoulé jusqu'à la Mulatière le confluent du Rhône et de la Saône et dont tout ce quartier de Lyon porte le nom.

M. Jean-Henry Lagrange et Madame, née de Maniquet, habitent leur château du Mas-Joint, commune de Fontaines-Saint-Martin (Rhône)[3].

4° Théodore-Constant-Joseph-Hector de Maniquet,, né à Lyon, le 26 janvier 1857, décédé célibataire à Fontaines-Saint-Martin, le 19 mai 1890.

5° César-Louis-Charles de Maniquet, né à Lyon, le 19 janvier 1858, décédé célibataire à Alger, le 12 août 1891.

XII *degré*

Marie-André Maniquet, né à Saint-Chamond (Loire), le 12 juillet 1847, épousa en premières noces, à Belley (Ain), le 28 mai 1872, Made-

---

[1] Le père de M. Jean-Henry Lagrange, après avoir présidé longtemps le Tribunal civil de Lyon, a terminé sa carrière de magistrat comme premier Président à la Cour de Riom. Il avait été procureur général à Alger vers 1854.

[2] Le père de Mme Lagrange est mort en 1835, Président du Tribunal de Lyon, et son frère, le président Baudrier, était président de Chambre à la Cour de Lyon. Il est mort laissant à son fils, Julien, une des plus belles et des plus célèbres bibliothèques lyonnaises. M. Julien Baudrier est un bibliophile bien connu, membre de l'Académie de Lyon, auteur d'ouvrages très importants (notamment son *Histoire des Imprimeurs lyonnais)*, qui ont été récompensés et couronnés par l'Académie française. M. Julien Baudrier habite Lyon et fait partie de la Société des Bibliophiles lyonnais.

[3] Du mariage Maniquet-Lagrange sont nés : 1° Anaïs-Adèle-Julienne Lagrange, née le 19 avril 1877 à Lyon, mariée, le 8 février 1902, à Maurice de Lacoste, lieutenant de vaisseau, chevalier de la Légion d'honneur, d'où deux enfants ; 2° Henri-Marie-Gaston Lagrange, né à Fontaines-Saint-Martin, le 2 juillet 1881, actuellement (1906) maréchal des logis de dragons.

M. Jean-Henry Lagrange, conseiller général du Rhône, avait un frère décédé en 1900, laissant plusieurs enfants qui sont actuellement les propriétaires de la maison de l'ingénieur Perrache qui porte ses armes.

moiselle Marie-Louise Bertin, fille de feu le colonel Constant Bertin, et de demoiselle Marie-Madeleine de la Chevardière de la Granville[1]. Peu après, devenu veuf, sans enfant, il contracta un second mariage, le 27 novembre 1874, à Saint-Vérand (Rhône), avec Mlle Jeanne-Marie-Emilie Jacquier, née à Ecully (Rhône), le 15 septembre 1853[2].

Marie-André Maniquet est décédé, en son château de la Citadelle, commune de Limas (Rhône), le 28 juillet 1882. Son épouse est décédée le 1er mars 1899, au château de la Garde, à Saint-Vérand (Rhône)[3].

Pour terminer cette notice, nous ajouterons que dans l'arrondissement de Saint-Etienne, un château porte le nom de Maniquet[4], qu'une tour à Saint-Paul-en-Jarrez porte aussi ce nom[5] et qu'à Rive-de-Gier il y a les Flaches-Maniquet.

Nous tenons ici à remercier les familles Poidebard, Granjon, Epitalon, Ducruet, Lagrange et M. le Secrétaire de la Mairie de Saint-Paul pour leurs utiles communications, sans oublier non plus MM. Charles Rabourdin, Héricy et le baron Hulot de Collard.

Vicomte OLIVIER DE POMPERY,
Membre honoraire du Conseil héraldique de France.

[1] De la Chevardière, de la Grandville, de Jumont, de la Grange-aux-Bois, de la Motte, de Fresty, de Novion, de Provisy, de Mesmont; 1520-1669. Caumartin. *D'argent à un brin ou rameau de fougère de sinople.*

[2] Appelée dans le pays Jacquier de Vacheron.

[3] Le château de la Garde est la propriété de la famille Jacquier de Vacheron.

[4] Ch. Groffier, *Michel Epitalon*, Lyon, 1893.

[5] Construite par le chanoine Gabriel, en 1850.

Lyon. — Imprimerie A. REY, 4, rue Gentil. — 42908

9 782012 886407